FAKTEN IN AKTEN

**LES DOSSIERS CLASSÉS
DE LA PRESSE ALLEMANDE**

ouvrage collectif

ISBN 2-7298-2427-8

© Ellipses Édition Marketing S.A., 2006
32, rue Bargue 75740 Paris cedex 15

Le Code de la propriété intellectuelle n'autorisant, aux termes de l'article L.122-5.2° et 3°a), d'une part, que les « copies ou reproductions strictement réservées à l'usage privé du copiste et non destinées à une utilisation collective », et d'autre part, que les analyses et les courtes citations dans un but d'exemple et d'illustration, « toute représentation ou reproduction intégrale ou partielle faite sans le consentement de l'auteur ou de ses ayants droit ou ayants cause est illicite » (Art. L.122-4).
Cette représentation ou reproduction, par quelque procédé que ce soit constituerait une contrefaçon sanctionnée par les articles L. 335-2 et suivants du Code de la propriété intellectuelle.

www.editions-ellipses.fr

Ont participé à cet ouvrage :

Danielle Bernard-Bonnefoy, agrégée d'allemand, professeur au lycée Edgar Quinet à Paris en sections de BTS tertiaires et au lycée Paul Valéry à Paris en classe de lettres supérieures, webmestre du site d'allemand de l'académie de Paris, responsable de formation continue à l'IUFM et au CRDP de Paris.

Pascal Curin, professeur agrégé d'allemand, lycée Saint-Antoine, Phalsbourg, DEA de langues et civilisations germaniques et scandinaves, université Nancy II. Traducteur assermenté près TGI de Metz et traductions free lance.

Jean-François Dachet, ancien élève de l'ENS de Saint-Cloud, agrégé d'allemand, professeur au lycée Henri Moissan à Meaux, formateur à l'IUFM de Créteil.

Christine Demaison, agrégée d'allemand, maître de conférences à Paris VI, chargée de cours à l'École nationale supérieure de chimie de Paris et responsable des langues à l'École des Mines de Paris, enseigne l'allemand général et scientifique. Spécialisée en civilisation et philosophie politique allemandes.

Françoise Jousset, ancienne élève de l'École normale supérieure de Fontenay-aux-Roses, agrégée d'allemand, DEA d'études germaniques, professeur en classes préparatoires au lycée Pothier à Orléans.

Linda Koiran, après des études de germanistique, de français et de philosophie à Hambourg, Lyon et Paris, elle enseigne la langue et la civilisation allemandes à l'université Paris VI et à l'École des Mines de Paris. Actuellement, elle prépare en cotutelle une thèse aux universités de Paris VII et d'Osnabrück.

Cornelia Michelis, agrégée d'allemand et docteur ès lettres (littérature contemporaine), enseigne en lycée et en classes préparatoires scientifiques au lycée Hainaut à Valenciennes.

Lionel Picard, certifié et agrégé d'allemand, enseigne au lycée Paul-Émile Victor de Champagnole (Jura). Licence et maîtrise d'allemand consacrées à la politique et aux médias obtenues à l'université de Bourgogne à Dijon où il est actuellement chargé de cours en LEA.

Michèle Reboul, professeur d'allemand certifiée, enseigne au lycée Gérard-Philipe à Bagnols-sur-Cèze (Gard). Écrit aussi des livres en langue allemande et s'intéresse particulièrement à l'histoire d'après-guerre en Allemagne de l'Est.

François Renault, agrégé d'allemand, DESS d'allemand économique. Professeur au lycée Voltaire et chargé de cours à l'École Polytech' Orléans (45).

Geneviève Rousseau, agrégée d'allemand, DEA d'études germaniques (portant sur Thomas Bernhard). Enseigne en classes préparatoires au lycée Chaptal à Paris.

Stephan Schütze, certifié d'allemand, enseigne au collège Les Plaisances à Mantes-la-Ville et intervient en tant que formateur à l'IUFM de Versailles. Licencié de la faculté de Paris VIII ; intérêt particulier pour l'histoire politique et culturelle de la société d'après-guerre jusqu'à nos jours.

Susanne Ullrich, professeur d'allemand à la faculté Jean Monnet à Sceaux et enseignante à l'Institut Goethe de Paris. Licenciée de la Sorbonne Paris IV ; spécialisée en allemand économique et juridique.

Olivier Wezemael, certifié d'allemand, enseigne au collège Jean Macé à Hénin-Beaumont et intervient en IUP (génie électrique et mécanique) à la faculté des sciences appliquées de Béthune.

Introduction

Ces ouvrages de 128 pages, destinés prioritairement aux élèves de classes préparatoires, premiers cycles universitaires, BTS, Sciences Po. et terminales, traitent de tous les domaines importants de la presse allemande. Ils comprennent quinze dossiers de 8 pages chacun au sein desquels vous trouverez :
- une présentation générale du thème en langue allemande,
- des coupures de presse germanophone,
- un entraînement au thème et à la version,
- le vocabulaire essentiel concernant le dossier,
- une chronologie,
- des éléments de débat autour du thème abordé.

Ces dossiers ont pour objectif :
- de permettre de rentrer en contact avec la presse germanophone pour en saisir les enjeux,
- d'apprendre à argumenter et à débattre à partir de notions-clés et d'éléments de réflexion,
- de parvenir à une meilleure maîtrise de la traduction.

Un travail linguistique est ainsi élaboré à partir de nombreux documents authentiques.

Chacun des volumes de cette série fait appel aux thèmes d'actualité les plus variés et permet tour à tour de se pencher sur des questions culturelles, de politique, de société ou d'économie.

Outil de travail polyvalent, *Fakten in Akten* est une référence indispensable pour tous ceux qui souhaitent étudier le domaine de la presse tout en perfectionnant leur niveau de langue. Un livre parfait pour réussir examens et concours.

Sommaire

1. *Made in Germany*: ein Begriff im Wandel .... *Made in Germany* : une notion en mutation 9
   par Danielle Bernard-Bonnefoy
2. Staatsbürgerschaftsrecht und Zuwanderungsgesetz .... Code de la nationalité et loi sur l'immigration 17
   par Pascal Curin
3. Die Ostalgie .... L'ostalgie 25
   par Jean-François Dachet
4. Die Bioethik .... La bioéthique 33
   par Christine Demaison
5. Deutschland und die osteuropäischen Länder .... L'Allemagne et les pays d'Europe de l'Est 41
   par Christine Demaison
6. Der Bundespräsident .... Le rôle du président 49
   par Stephan Schütze
7. Die Krise des deutschen Schulwesens .... La crise du système scolaire allemand 57
   par Françoise Jousset
8. Immigration in Deutschland .... Immigration en Allemagne 65
   par Linda Koiran
9. Religiöser Integrismus in Deutschland .... L'intégrisme religieux en Allemagne 73
   par Cornelia Michelis
10. Das deutsche Fernsehen .... Le paysage télévisuel allemand 81
    par Lionel Picard
11. Die berliner Mauer .... Le mur de Berlin 89
    par Michèle Reboul
12. Die „Berliner Republik" .... La « République de Berlin » 97
    par François Renault
13. Der Rechtsradikalismus .... L'extrême droite 105
    par Geneviève Rousseau
14. Umwelttechnologie in Deutschland ...... L'Allemagne, leader mondial de la technologie de l'environnement 113
    par Suzanne Ullrich
15. 2004: Deutschland Vereinigt? .... La réunification et ses conséquences 121
    par Olivier Wezemael

MADE IN GERMANY: EIN BEGRIFF IM WANDEL
MADE IN GERMANY : UNE NOTION EN MUTATION

FAKTEN

Das damals so **begehrte Gütesiegel** „*made in Germany*" hätte an Wert verloren, oder besser gesagt: Seine Bedeutung hat sich gewandelt.

Anfang des 20. Jahrhunderts sollte es noch dem Kunden klarmachen, dass die damit **gestempelten** Produkte doch nicht den **hervorragenden** englischen Qualitätskriterien entsprachen!

Diese Markengeschichte beginnt eigentlich auf der Weltausstellung 1876 in Philadelphia: Nur Krupps Kanonen glänzten und das übrige Angebot der deutschen Delegation wurde als „billig und schlecht" von dem Vorsitzenden der Deutschen Jury beurteilt! Da der Weg zur Industrialisierung durch die **Reichsgründung** 1871 und die damit gefallenen Zölle **geebnet** war, hatten die deutschen Unternehmer Lust, die neue **Herausforderung** anzunehmen.

Qualität war das Gebot der Stunde, bald begann Deutschlands Aufstieg zum Exportweltmeister: So stieg z.B. der Gegenwert deutscher Exporte nach Japan von 4,5 Millionen Mark 1888 auf 26,5 Millionen 1895. England sah sich deswegen in seiner Konkurrenzfähigkeit ernsthaft **bedroht** und griff alsbald zur protektionistischen **Notbremse**.

So reagierte das Britische Empire mit dem 1887 ratifizierten **Gesetz**: Durch eine genaue Angabe des **Herkunftslandes** auf jedem Produkt wollte es den Erfolg der deutschen Exporte **eindämmen**. Eine „fatale Fehlkalkulation", wie sich **herausstellte** denn die **Brandmarke** auf den Produkten der ungeliebten Konkurrenz **entpuppte sich** binnen kurzer Zeit als Gütesiegel.

Auch dank niedriger Löhne **drangen** deutsche Produkte in englische Märkte **vor**.

Somit hat **sich** der Trend **umgekehrt** und das *made in Germany* verkörperte und garantierte jahrzehntelang typisch deutsche **Tugenden** wie **Zuverlässigkeit**, **Haltbarkeit**, Pünktlichkeit, hochwertige und sorgfältige **Ausführung** sowie moderne Spitzentechnik und **nicht zuletzt** tüchtigen **Kundendienst**. All diese **Trümpfe** sollen der sprichwörtlichen deutschen Wertarbeit zu verdanken sein. Die guten Erfahrungen, die die Käufer mit den deutschen Standards gemacht hatten, zählten dann mehr als die Treue zum Heimatprodukt.

Hierzu kam für den Käufer das **aufwertende** Image, sofern der Besitz mancher Produkte deutscher Herkunft (BMW, Mercedes etc.) **als** Statussymbol **galt**.

Aber mit der Globalisierung und der **Verlagerung** vieler Produktionsprozesse haben schon die Wörter selbst an Sinn verloren: Seit Produktionsstätten allerdings rund um den Globus **verteilt** sind, tritt der Herkunftsort in den **Hintergrund**. Was wird heute noch tatsächlich in Deutschland hergestellt? Von welchen Arbeitskräften? Das Qualitätssymbol ist nicht so prägnant wie früher, denn Qualitätsversprechen hängen längst nicht mehr von der Produktionsstätte ab, deshalb müssen Industrielle wie auch Werbeunternehmer umdenken. Selbst in Deutschland, wo man jahrzehntelang dem *made in Germany* (mit Recht) **vertraute**, ist deutsche Wertarbeit eine Rarität geworden. Der neue Trend heißt folglich eher gleichbleibende Qualität weltweit, somit geht Marke vor **Standort**.

PRESSESPIEGEL

LOB FÜR DIE ARBEITNEHMER

Die Ausbildung der Beschäftigten sei hervorragend und die Einstellung zur Arbeit vorbildlich. „Es geht dort sehr diszipliniert zu, typisch deutsch eben." Die deutschen Lohnkosten stellten für den Chef offenbar kein Problem dar, da sie der Leistung der Arbeitnehmer entsprächen.

Süddeutsche Zeitung

„MADE IN GERMANY" KOMMT IN DER WELT GUT AN

Exportbranche Nummer 1 war erneut die Automobilindustrie. Die Produkte *„made in Germany"* sind wegen ihres Designs und ihrer Technik weltweit anerkannt. Sie allein haben 120 Milliarden Euro zum Export beigetragen. Hinter den Autoherstellern sind die Maschinenbauer und die Chemie die größten Exportbranchen.

Süddeutsche Zeitung

MADE IN GERMANY – ENDE EINES MYTHOS?

Es geschah vor über hundert Jahren: England war damals die führende Industrienation unter den europäischen Ländern. Das englische Parlament glaubte 1887 ein Gesetz erlassen zu müssen, das den „homemarket" vor **minderwertigen** Erzeugnissen – zum Beispiel aus deutschen Landen – schützt. Es kam völlig anders: das *„made in Germany"* wurde zum Qualitätszeichen und ist es im Grunde bis in die letzten Tage geblieben. Geht aber nun ein Mythos zu Ende?

Frankfurter Allgemeine Zeitung

MARKE VON GESTERN

Die EU will die **Kennzeichnung** *„made in Germany"* abschaffen. Der französische EU-Handelskommissar Pascal Lamy plädiert für ein generelles *„made in EU"*. Das sei fairer für den europäischen Wettbewerb und transparenter für den Verbraucher. Auch das sehr geschätzte *„made in Germany"* würde durch diese Aktion verschwinden. „Wir sind stolz auf unser Qualitätssiegel. Eine EU-Kennzeichnung wollen wir nicht", erklärt der Industriepräsident. Aber das Gütesiegel *„made in Germany"* verdient nicht immer seinen Ruf.

Der Spiegel

DEUTSCHE FIRMEN HABEN IM NAHEN OSTEN EINEN GUTEN RUF

Viele arabische Staaten investieren massiv in die Infrastruktur. Durch den hohen Ölpreis haben die Erdöl exportierenden Staaten derzeit genug Mittel für Projekte. Projekte im Bereich Maschinen- und Anlagenbau, Wasserwirtschaft, neue **Kraftwerke** und Telekommunikation bieten große Chancen für deutsche Firmen. Viele Geschäftsführer in den arabischen Staaten sind Ingenieure und schätzen *„made in Germany"*. Das Image der Deutschen ist sowieso sehr gut.

Die Welt

PRESSESPIEGEL

SCHÖNE SCHUHE VOM MEKONG

In Vietnam ist die Schuhbranche nach der Textil- und Öl-Branche zur drittwichtigsten Exportindustrie geworden. In zahlreichen Fabriken werden täglich tausende von Schuhen produziert, auf denen italienische oder deutsche Markennamen stehen.

Handelsblatt

Dass trotz niedriger Bezahlung nicht alle Arbeit längst nach China oder Polen ausgewandert ist, hat einen einfachen Grund: Der Stundenlohn alleine entscheidet nicht darüber, wo investiert wird. Es kommen noch andere Faktoren dazu: Wie groß ist die Entfernung zum Absatzmarkt oder zu **Zulieferern**, wie hoch sind die Transportkosten? Gibt es genug qualifizierte Arbeitskräfte? usw. Und: Wie hoch wird der Lohnunterschied in zehn Jahren sein?

Die Zeit

MURKS IN GERMANY

Die besten Autos, Züge, Waschmaschinen: Darauf beruhte das Bild, das Ausländer von den **vermeintlich** so humorlos Deutschen hatten. Und darauf basierte Deutschlands Wohlstand. *„made in Germany"* wurde zum **Wahrzeichen** des teutonischen Wirtschaftswunders und zum Synonym für Qualität. Doch heute scheinen selbst die Deutschen ihrer Ware zu **misstrauen**. Nach einer Umfrage meint mehr als die Hälfte der Bürger, *made in Germany* habe an Stellenwert verloren.

Die Zeit

Der deutsche Binnenmarkt ist der größte Binnenmarkt Europas und damit auch der größte Markt für „deutsche Produkte". Die Vorstandsvorsitzenden der AGs erwarten sogar, dass der deutsche Arbeiter weiter seine Produkte kauft. Schließlich behalten die Produkte ja ihren guten Namen trotz anderer Herkunft.

www.Ja-zu-Deutschland.de

IMMER WENIGER DEUTSCH

Auch Aktionäre, Vorstände und Aufsichtsräte werden internationaler. Deutschlands Unternehmen werden immer weniger deutsch. Experten erklären dieses Phänomen mit den Nachteilen des Standorts Deutschland: hohe Steuern, Arbeits- und Energiekosten, Überregulierung, zu wenig Innovation, fehlende Flexibilität des Arbeitsmarkts, schwierige Finanzierung vor allem von kleineren Unternehmen.

Wirtschaftswoche

Viele Wirtschaftsexperten sagen das Ende der traditionellen Firmenzentralen voraus. An ihrer Stelle sehen sie **Netzwerke**, bei denen nur noch wenige Leute zum Stammpersonal gehören, das dann über die Produktpalette und die Strategie entscheidet. Alle anderen Funktionen: Fertigung, Marketing, Design oder **Vertrieb,** werden **ausgelagert** notfalls rund um den Globus. *„made in Germany"* zählt nicht mehr. *„made by Mercedes"* oder auch nur *„concepted by Mercedes"* gehört die Zukunft.

Der Stern

THÈME

1. De nombreux produits qui sont commercialisés sur le marché européen doivent posséder le label CE, ce qui garantit le respect de certaines obligations légales : ainsi, le label CE devient une sorte de passeport dans l'ensemble de l'UE.
2. La réputation de l'Allemagne comme lieu de production reste excellente auprès des entreprises bien que les investisseurs soulignent des inconvénients importants.
3. Il ne faut pas oublier que les produits « *made in Germany* » restent parmi les plus prisés (*beliebt*) au monde et que l'économie allemande repose essentiellement sur l'exportation.
4. La machine à laver qui fonctionne sans panne au bout de 30 ans n'existe plus, les postes de radio ou de télévision et même les voitures par exemple ont une durée de vie égale à environ un tiers de celle des produits qui furent la fierté (*der Stolz*) du « *made in Germany* ».
5. Cependant, l'avenir du label de qualité allemand ne dépend pas que de la technique, car aujourd'hui le « *made by* » devient plus important que le « *made in* » du fait que personne ne peut déceler ce qui est réellement fabriqué dans quel pays.
6. Pour conserver sa bonne image, le label « *made in Germany* » doit être protégé contre une utilisation mensongère, principalement en raison de la tendance à soustraire la valeur ajoutée dans des pays étrangers où le coût du travail et les charges (*Nebenkosten*) sont beaucoup moins élevés.

VERSION

1. In einer globalisierten Welt werden Waren und Ersatzteile dort produziert, wo es am billigsten ist. Dafür verzichten die Hersteller auf das Label „*made in Germany*" in der Hoffnung, dass der Verbraucher die Marke automatisch mit Deutschland assoziiert.
2. Während früher Kennzeichnungen wie „*made in China*" oder „*made in Taiwan*" mit minderwertiger Billigware assoziiert wurden, gehören heute Produkte von dort zum deutschen Alltag.
3. Natürlich konkurrieren die Deutschen längst mit den Billigarbeitern in China, Indien oder Polen: Sie stehen im Wettbewerb mit Stundenlöhnen, die nur einem Bruchteil ihrer Gehälter entsprechen.
4. Aber der Stundenlohn allein entscheidet nicht darüber, wo investiert wird: Die Entfernung zum Absatzmarkt oder zu Zulieferern, die Transportkosten, der Preis der Grundstücke, die Steuern, das Wechselkursrisiko, der Lohnunterschied in zehn Jahren und nicht zuletzt die Produktivität der geleisteten Arbeit spielen eine wichtige Rolle.
5. Ein Ökonom spricht von einem „Etikettenschwindel" (*escroquerie*), da Produkte, die außerhalb von Deutschland gefertigt werden, als Produkte „*made in Germany*" gelten; er kritisiert eine „Basar-Ökonomie", die die Welt mit preisgünstigen und hochwertigen Waren bedient, welche sie gar nicht selbst produziert hat.
6. Trotz der Qualität der Infrastruktur, der Forschung und der Entwicklung sowie der Ausbildung der Arbeitskräfte, die sehr wichtige Trümpfe darstellen, wird Deutschland nämlich bei der Standortwahl durch internationale Unternehmen wegen Arbeitskosten und fehlender Flexibilität benachteiligt.

1. Zahlreiche Produkte, die auf dem EU-Markt gehandelt werden, müssen die CE-Kennzeichnung besitzen, was die Einhaltung bestimmter gesetzlicher Vorgaben gewährleistet: Somit wird die CE-Kennzeichnung zu einer Art Reisepass in der gesamten EU.
2. Deutschlands Ruf als Standort bleibt bei den Unternehmen hervorragend, obwohl Investoren wichtige Nachteile betonen.
3. Man darf nicht vergessen, dass die Produkte *„made in Germany"* weltweit weiter zu den beliebtesten gehören und dass die deutsche Wirtschaft wesentlich auf dem Exportgeschäft beruht.
4. Die Waschmaschine, die nach 30 Jahren ohne Panne läuft, gibt es nicht mehr, Radio– oder Fernsehapparate und selbst Autos zum Beispiel besitzen etwa ein Drittel der Lebensdauer der Produkte, die der Stolz des *„made in Germany"* waren.
5. Dennoch hängt die Zukunft des Gütesiegels nicht nur von der Technik ab, denn heute wird das *„made by"* wichtiger als das *„made in"*, da keiner durchschauen kann, was tatsächlich in welchem Land hergestellt wird.
6. Um ihr gutes Image zu behalten, muss die Kennzeichnung *„made in Germany"* gegen eine fälschliche Verwendung geschützt werden, vor allem schon wegen des Trends, die Wertschöpfung ins Ausland auszulagern, wo Arbeits- und Nebenkosten viel niedriger sind.

---

1. Dans un monde de la globalisation, les biens et les pièces détachées sont produits là où c'est le meilleur marché. En échange, les fabricants renoncent au label « *made in Germany* » dans l'espoir que les consommateurs associent automatiquement la marque avec l'Allemagne.
2. Tandis qu'autrefois, des labels tels que « *made in China* » ou « *made in Taïwan* » étaient associés à des marchandises bon marché bas de gamme, les produits en provenance de ces pays font aujourd'hui partie du quotidien allemand.
3. Bien sûr, aujourd'hui, les Allemands sont en concurrence avec les travailleurs bon marché de Chine, d'Inde ou de Pologne : ils se trouvent en compétition avec des rémunérations horaires qui ne correspondent qu'à une fraction de leurs propres salaires.
4. Mais ce n'est pas le seul salaire horaire qui est déterminant pour décider où investir : l'éloignement géographique des débouchés ou des sous-traitants, les frais de transport, le prix des terrains, les impôts, le risque lié au change, ce qui restera de la différence des salaires dans dix ans et notamment la productivité du travail fourni, tout cela joue un rôle.
5. Un économiste évoque une escroquerie à l'étiquette, vu que des produits qui sont fabriqués en dehors de l'Allemagne passent pour des produits « *made in Germany* » : il critique une « économie de bazar » qui fournit le monde en marchandises avantageuses et haut de gamme qu'elle n'a même pas produit elle-même.
6. En effet, malgré la qualité de l'infrastructure, de la recherche et du développement, et de la formation de la main-d'œuvre, qui représentent des atouts très importants, le coût du travail et le manque de flexibilité désavantagent l'Allemagne dans le choix d'implantation des entreprises internationales.

WORTSCHATZ

Abschaffung (die)	la suppression
aufwertend	valorisant
Ausführung (die)	exécution, réalisation
aus/lagern	externaliser, sous-traiter
bedrohen (+ A)	menacer
begehrt	convoité, très demandé
Brandmarke(n) (die)	le stigmate
Dienstleistung(en) (die)	(prestation de) service
ebnen	aplanir, faciliter
ein/dämmen	endiguer, atténuer
entpuppen (sich)	se montrer sous son vrai jour
gelten als	être considéré comme
Gesetz(e) (das)	la loi
Haltbarkeit (die)	durée, résistance
heraus/stellen (sich)	se révéler
Herausforderung (die)	le défi
Herkunft (die)	l'origine
hervorragend	excellent, remarquable
Hintergrund (der)	l'arrière-plan, le second plan
Kennzeichnung (die)	le label, l'étiquette
Kraftwerk(e) (das)	centrale électrique
Kundendienst (der)	le service après-vente (SAV)
minderwertig	médiocre, bas de gamme
Murks (der)	travail bâclé
Netzwerk(e) (das)	le réseau
nicht zuletzt	notamment
Notbremse (die)	le frein de secours
Patent(e) (das)	le brevet d'invention
Reichsgründung (die)	la fondation de l'Empire (du Reich)
Siegel, Gütesiegel (das)	label
Standort(e) (der)	lieu d'implantation, de production
stempeln	estampiller
Trumpf(¨e) (der)	l'atout
Tugend(en) (die)	la vertu
um/kehren (sich)	s'inverser
Verlagerung (die)	délocalisation
vermeintlich	prétendument
verteilen	distribuer, répandre
vertrauen (+ D), (misstrauen)	faire confiance à
Vertrieb (der)	la distribution, commercialisation
vor/dringen (a, u)	parvenir
Wahrzeichen (das)	emblème
Warenauszeichnung (die)	l'étiquetage des marchandises
Zulieferer (der)	sous-traitant, fournisseur
Zuverlässigkeit (die)	fiabilité

WICHTIGE DATEN

1876	Weltausstellung in Philadelphia.
1877	Deutsches **Patentgesetz** im Reichsgesetzblatt veröffentlicht.
1883	Pariser Verbandsübereinkunft zum Schutz des gewerblichen Eigentums.
1887	Die **Warenauszeichnung** „Made in..." wird in Großbritannien durch den „Merchandise Marks Act" eingeführt.
1894	**Gesetz** zum Schutz der Warenbezeichnung.
1916	Die Bezeichnungen **Made in Austria/Hungary** sollen britische Produkte besser schützen.
1917	Gründung des DIN, eingetragener gemeinnütziger Verein mit Sitz in Berlin (DIN **Deutsches Institut für Normung** e. V).
1949	*Das Grundgesetz der Bundesrepublik tritt in Kraft.* Eröffnung des Deutschen Patentamts (DPA) (=institut de la propriété industrielle).
1950	*Anfänge der Sozialen Marktwirtschaft (Ludwig Erhard) fiWirtschaftswunder.*
1957	Die Bundesrepublik wird Mitglied der EWG (CEE).
1963	Vertrag über die deutsch-französische Zusammenarbeit (Elysée-Vertrag).
1964	Gründung der Stiftung Warentest (association de consommateurs).
1970	**Markenschutzgesetz.**
1975	• Einführung der **Dienstleistungs**marke. • Das DIN ist die für die Normungsarbeit zuständige Institution in Deutschland und vertritt die deutschen Interessen in den weltweiten und europäischen Normungsorganisationen. Vertrag mit der Bundesrepublik Deutschland am 1975-06-05.
1980	Deutsches Patentgesetz (PatG). Neue Fassung.
1995	Das neue Markengesetz tritt in Kraft.
1996	Gründung der „*Fair Trade Labelling Organization*" FLO International (commerce équitable).
2002	EU-Verordnung 178/2002 über lückenlose Rückverfolgung von Lebensmitteln => Rückverfolgbarkeit (traçabilité).
2004	Diskussionen bei der Europäischen Kommission über die Einführung der europäischen Herkunftsbezeichnung „Made in the EU" – womit die **Abschaffung** des „Made in Germany" -Zeichens verbunden sein kann.
2005	Start der EU-Norm 178-2002: lückenlosen Rückverfolgung von Lebensmitteln.

ZUM NACHDENKEN

Das Image des Siegels und seine Begründungen

☞ **Fakten**
- Seit Jahrzehnten Ausdruck für Qualität und Zuverlässigkeit. Renommierte Marken werben gerne mit diesem Gütesiegel
- Deutsche Produkte werden als besonders hochwertig angesehen (BMW, Miele, Siemens)
- Deutsche Marken als Statussymbol in der Gesellschaft

☞ **Gründe**
- Wertschöpfung durch Wertarbeit der tüchtigen deutschen Arbeiter
- Wichtige Rolle der traditionellen Ausbildung von Facharbeitern im gepriesenen deutschen Dualsystem
- Pünktliche Lieferung sowie effizienter Kundendienst und Berücksichtigung der Kundenwünsche

Wandlung oder Trendwende?

☞ **Globalisierte Wirtschaft**
- Herkunftslandbezeichnung als Brandmarke für andere Länder? (*made in China, made in Taïwan*)
- Marken und Qualitätssiegel sind für den Verkaufserfolg wichtig, z.B. für neue und technologisch komplexe Produkte (Automobilindustrie, Feinmechanik, Chemikalien, Optik usw...)
- Der Käufer muss vor dem Kauf von der Qualität der Produkte überzeugt werden (= nicht verführt!). Entscheidende Rolle der Werbung weltweit
- Verschärfte Konkurrenz von Produkten aus Billiglohnländern, unter anderem aus Osteuropa

☞ **Globalisierte Produktion (Standort)**
- Standort Deutschland: Seine Vor- und Nachteile, vor allem nach dem EU-Beitritt der neuen 10 Länder. Die Kosten der Arbeit gelten als Minuspunkt im internationalen Wettbewerb
- Ein Unternehmen, das in Deutschland produziert, gibt viel aus: Deshalb kann es sich nicht leisten, wegen mangelnder Qualität Kunden zu verlieren
- Verlagerungen, Auslagerung (Outsourcing) in Billiglohnländer – bei Beibehaltung des *„made in Germany"* - Siegels – lassen das Gütesiegel an Sinn verlieren

☞ **Image-Verlust**
- Murks statt traditioneller deutscher Qualität? Medien kritisieren manche Mängel
- Programmierte Pannen? Bei vielen Produkten sieht es so aus, als sollten sie kurzlebig sein, damit der Verbraucher öfter kaufen muss

☞ **Neue Begriffe**
- Erscheinung neuer Siegel: z.B. CE-Bezeichnung, oder FLO International (*Fair Trade Labelling Organization*), oder Bio-Siegel usw...
- Ersetzung von *„made in Germany"* durch *„made in the EU"* in naher Zukunft problematisch für deutsche Hersteller
- Marken gehen immer öfter vor Standort: Bedeutung des *„made by"* oder des *„engineered by"*

Aufgabenthemen (argumentieren Sie durch konkrete Beispiele)

- Inwiefern können Verbraucher einer Marke mehr vertrauen als einer Herkunftslandbezeichnung? Stimmt dieses Verhalten bei allen Kategorien von Produkten oder ist es unterschiedlich?
- Könnte die Werbung diesen Wertewandel unterstützen? Durch welche Mittel?

STAATSBÜRGERSCHAFTSRECHT UND ZUWANDERUNGSGESETZ
CODE DE LA NATIONALITÉ ET LOI SUR L'IMMIGRATION

FAKTEN

Mit dem Staatsbürgerschaftsrecht, das am 1. Januar 2000 verabschiedet wurde, rückt Deutschland vom bisherigen **ius sanguinis** ab. Vor diesem Datum galt noch das Reichs- und Staatsangehörigkeitsgesetz von 1913. Die deutsche **Staatsangehörigkeit** wird nun **Angehörigen** der „dritten Generation" und allen auf deutschem Boden Geborenen automatisch verliehen und kann neben der **ererbten** Staatsangehörigkeit bestehen, wenn zwischen den beiden Staaten ein Rechts-Konsens besteht. Allerdings soll sich der Doppelstaater bis zu seinem 23. Lebensjahr für eine der beiden Nationalitäten entscheiden.

Mit dem europäischen Konvent des 6. Mai 1963 wurde allerdings eine Begrenzung der Doppelstaatsbürgerschaft angestrebt und sogar empfohlen: jeder Mensch, der willentlich Antrag auf eine andere Nationalität stellt, soll automatisch auf seine ursprüngliche Staatsangehörigkeit verzichten. Seit 1963 wurde dieser Konvent durch bilaterale Staatsverträge den länderspezifischen Anforderungen angepasst. In der täglichen Praxis wird festgestellt, dass über die Hälfte der Ausländer auf die deutsche Nationalität verzichtet, weil sie die eigene Staatsangehörigkeit nicht verlieren will. Die Reform des Staatsbürgerschaftsrechts ist offensichtlich noch ausbaufähig.

Für viele ist die **Einbürgerung** noch gar keine Frage, es geht erstmal darum, wie sie nach dem **Anwerbe**stopp von 1973 legal nach Deutschland einreisen dürfen. Im Jahre 2000 wurde die „*Green Card*" eingeführt, eine vorübergehende **Aufenthalts**- und **Arbeitserlaubnis** für ausländische Fachleute. Am 25. Mai 2004 haben Regierung und Opposition einen Kompromiss im dreijährigen Zuwanderungsstreit gefunden. Die Parteivorsitzenden von SPD, CDU/CSU, den Grünen und Kanzler Schröder konnten sich auf **Eckpunkte** für ein Zuwanderungsgesetz verständigen: u. a. die Förderung und Erleichterung der **Arbeitsmigration**, die Anpassung der humanitären Aufnahme an die EU-Richtlinie zum **Flüchtlings**schutz, die **Abschiebungs**anordnung aufgrund einer „tatsachengestützten Gefahrenprognose" und die Möglichkeit **Sprachkurse** sowie Einführungen in Recht, Kultur und Geschichte Deutschlands zu **belegen**.

Die Reform soll die **Zuwanderung** sowohl steuern als auch begrenzen. Große Unstimmigkeiten zwischen den Parteien bestehen immer noch darin, wie die erarbeitete Reform zu deuten sei. Eins steht fest: Deutschland ist auf Zuwanderer angewiesen, weil die eigene Bevölkerung älter wird und **schrumpft**. Zahlreiche **Bevölkerungsvorausberechnungen** laufen auf eine alarmierende Feststellung hinaus: Trotz Zuwanderung wird die Bevölkerung Deutschlands **mittelfristig** abnehmen, wenn sich bis dahin nichts verändern sollte. Konnexe Phänomene wie die Zunahme der **Lebenserwartung**, der **Abwanderungssaldo** und nicht zuletzt die **Geburtenziffer** verkomplizieren die Projektionsrechnungen. Der vom Bundespräsidenten H. Köhler erwünschte „Mentalitätswechsel" ist darum notwendiger denn je.

PRESSESPIEGEL

ZUZUG VON HOCHQUALIFIZIERTEN

Eine sofortige und unbefristete Niederlassungserlaubnis können Hochqualifizierte erhalten, wenn sie einen Arbeitsplatz nachweisen und sich aus ihrer Beschäftigung keine nachteiligen Auswirkungen auf den Arbeitsmarkt ergeben. Zu den Hochqualifizierten zählen Wissenschaftler, Lehrpersonen in herausgehobener Funktion oder Spezialisten mit einem Mindestgehalt von knapp 84 000 Euro im Jahr – dem Doppelten der Beitragsbemessungsgrenze in der gesetzlichen Krankenversicherung.

Frankfurter Allgemeine Zeitung

DEUTSCHLAND EIN EINWANDERUNGSLAND?

Mit dem Verstehen war das gestern überhaupt so eine Sache. Wie soll man das gerade gemeinsam beschlossene Regelwerk begreifen? Als „Zuwanderungsbegrenzungsgesetz", wie Müller und sein Parteifreund Wolfgang Bosbach finden, als Signal für „Liberalität und Weltoffenheit", wie der FDP-Verhandlungsführer Max Stadler meint? Oder ist die wichtigste Erkenntnis schon der erste Satz der gestrigen Debatte? „Deutschland ist ein Einwanderungsland", sagte der Grüne Beck, das werde „mit diesem Gesetz amtlich besiegelt".

Die Tageszeitung

Ein modernes und attraktives Zuwanderungsrecht sieht anders aus... Der Zuwanderungskompromiss trägt die Handschrift von Bürokraten, und er kommt spät. Nennenswerte **Auswirkungen** auf dem Arbeitsmarkt wird er nicht entfalten. Doch ist immerhin ein Anfang gemacht.

Frankfurter Allgemeine Zeitung

ZUZUGSBEGRENZUNG

Das Gesetz dient „der Steuerung und **Begrenzung** des **Zuzugs** von Ausländern". Dabei sollen die Integrationsfähigkeit sowie die wirtschaftlichen und arbeitsmarktpolitischen Interessen berücksichtigt werden. Zugleich wird aber darauf verwiesen, dass Deutschland seine humanitären Verpflichtungen erfüllt.

Focus

EIN NICHT WEGZUDENKENDER ZUZUG

Schon um das Jahr 2010 wird die Republik, bei gleichbleibender Lebenserwartung und ohne zusätzlichen **Zuzug**, wahrscheinlich eine halbe Million Einwohner weniger haben als heute. Bis 2050 könnte die Bevölkerungszahl von jetzt 82,5 auf 70 Millionen oder noch darunter fallen. Der Retro-Trend wäre weniger folgenreich, stiege nicht zugleich das Durchschnittsalter. Schon im Jahr 2035 werden die Deutschen das älteste Volk der Welt sein.

Der Spiegel

VERWÖHNTE 1960ER JAHRGÄNGE

Aber wir sind eben auch die Wende. Wir haben das Staatsversagen als Fakt entdeckt. Wir wissen, dass es für kommende Jahrgänge erst recht und nur noch bergab gehen wird. Nur: Die wachsen mit diesem Wissen schon auf. Wir dagegen verarbeiten immer noch, heute der dicke Bauch und morgen der Wasserkopf der bundesdeutschen Alterspyramide zu sein.

Der Spiegel

PRESSESPIEGEL

BESSERE AUSSICHTEN FÜR DIE WIRTSCHAFT

Die Bundesrepublik hätte mit dem Punktesystem eine Chance gehabt, frühzeitig einen „Probelauf" zu starten und erste Erfahrungen mit einer kontrollierten Zuwanderung zu sammeln, die spätestens zu Beginn des kommenden Jahrzehnts aufgrund der demographischen Entwicklung unerläßlich werden dürfte. Grundsätzlich herrscht in der Wirtschaft Erleichterung darüber, daß der Streit über das Zuwanderungsgesetz endlich entschieden scheint.

Frankfurter Allgemeine Zeitung

Insofern grenzt an Zauberei, was den Parteien im Streit um die Neuregelung der Zuwanderung gelungen ist – ein Kompromiss zwischen Zielen, die einander auszuschließen schienen: Die einen wollten mehr, die anderen am liebsten keine Zuwanderung. jenseits dieser politischen Melange hat das Ergebnis eine enorme gesellschaftliche Bedeutung. Die Einigung könnte helfen, einen Streit zu befrieden, dessen Eskalation das Klima in unserem land immer wieder vergiftet hat.

Frankfurter Rundschau

Ohne Zweifel, das neue Gesetz bringt Verbesserungen. Aber er vergibt die große Chance, das Tor für hoch qualifizierte Einwanderer zu öffnen... Die Zukunft gestaltet dieses Gesetz nicht.

Die Zeit

EIN GESETZ FÜR ALLE PARTEIEN

Das erste Lob für das neue Zuwanderungsgesetz kam gestern vom frisch vereidigten Bundespräsidenten. Zu dem nötigen „Mentalitätswechsel" im Lande gehöre „die Kraft, Lagerdenken in unserer Gesellschaft zu überwinden" und „konstruktive Kompromisse" zu finden, sagte Horst Köhler. Hier gebe ihm die Einigung bei der **Zuwanderung** Anlass zur Hoffnung.

Die Tageszeitung

BAHN FREI FÜR ZUWANDERUNGSGESETZ

Auch das Zuwanderungsgesetz kann endgültig am 1. Januar 2005 in Kraft treten. Der Bundesrat billigte am Freitag – als letzte parlamentarische Instanz – den All-Parteien-Kompromiss. Das Gesetz regelt die Zuwanderung in den Arbeitsmarkt, die Integration von Ausländern und das humanitäre Flüchtlingsrecht. Außerdem werden die Sicherheitsvorschriften erheblich verschärft. Mit der Reform wird das komplette Ausländerrecht umgestaltet. Die Einwanderung Hochqualifizierter wird ebenso erleichtert wie die Abschiebung gefährlicher Ausländer.

Focus

Das Ergebnis liegt jetzt auf dem Tisch und ein großer Wurf ist es nicht. Nun wird der Fleckerlteppich schön geredet. Die SPD verkauft ihn als modernes Gesetz zur besseren Integration der Ausländer – die Union als modernes Gesetz zur Begrenzung und Steuerung der Zuwanderung. Beides ist nicht ganz falsch, richtig ist es aber auch nicht.

Pfälzischer Merkur

THÈME

1. Les causes et les raisons principales de la migration sont la demande constante de main-d'œuvre dans les pays industrialisés, l'augmentation des activités économiques internationales et les problèmes socio-politiques comme la persécution des minorités ou la surpopulation dans les pays sous-développés.
2. Les millions de travailleurs provenant des pays méditerranéens qui furent embauchés de 1955 à 1973 ont contribué de manière déterminante au miracle économique de l'Allemagne d'après-guerre.
3. L'Allemagne est dans les faits une terre d'immigration depuis longtemps bien qu'officiellement les responsables politiques cherchent à contourner ce terme manifestement embarassant depuis un demi-siècle.
4. Depuis 1954, 31 millions de personnes sont venus en Allemagne alors que, dans le même temps, seulement 22 millions la quittèrent.
5. En vertu du nouveau code fédéral allemand sur la nationalité de l'an 2000, les enfants d'origine étrangère nés en Allemagne obtiendront la double nationalité.
6. L'ancien député du Bundestag, actuel député européen, Cem Özdemir, espère qu'un jour il sera normal en Allemagne qu'on puisse être citoyen allemand d'origine turque, voire de religion musulmane, sans que les médias n'en fassent un « Turc avec passeport allemand ».

VERSION

1. Es wäre nicht anständig die Zuwanderung aus humanitären Gründen begrenzen zu wollen. Zur Aufnahme von Flüchtingen, Aussiedlern und Familienangehörigen ist Deutschland moralisch und rechtlich verpflichtet.
2. Deutschland muss gezielt Arbeitskräfte aus dem Ausland anwerben, weil auf dem heimischen Arbeitsmarkt Fachkräfte fehlen.
3. In den nächsten Jahrzehnten werden rund ein Fünftel weniger Arbeitskräfte zur Verfügung stehen. Bereits heute können trotz hoher Arbeitslosigkeit viele offene Stellen nicht besetzt werden, weil den Arbeitsuchenden die entsprechende Qualifikation fehlt.
4. Um die Alterung der Bevölkerung gänzlich zu stoppen, müssten nach Berechnungen der UN-Bevölkerungsabteilung bis zum Jahr 2050 188 Millionen Menschen nach Deutschland zuwandern.
5. Sobald dem Asylantrag stattgegeben wird, wird nach Ablauf von drei Jahren eine unbefristete Aufenthaltsgenehmigung gewährt, unter der Voraussetzung, dass sich die Lage im Herkunftsland nicht verändert hat.
6. Es gibt keinen Zweifel daran, dass die Frage der doppelten Staatsangehörigkeit anders angeschnitten werden soll, je nachdem, ob man sie von Geburt an besitzt oder erst nach einem Einbürgerungsgesuch erworben hat.

1. Die hauptsächlichen Ursachen und Gründe für Migration sind der ständige Bedarf an Arbeitskräften in den Industrieländern, die Zunahme der weltweiten Wirtschaftsaktivitäten und die sozial-politischen Probleme wie die Verfolgung der Minderheiten oder die Überbevölkerung in den unterentwickelten Ländern.
2. Die Millionen Arbeitskräfte aus den Mittelmeerstaaten, die von 1955 bis 1973 angeworben wurden, haben maßgeblich zum Wirtschaftswunder des Nachkriegsdeutschlands beigetragen.
3. Faktisch ist Deutschland seit langem ein Einwanderungsland, obwohl die Politiker sich um diesen offenkundig verfänglichen Begriff seit einem halben Jahrhundert offiziell herumdrücken.
4. Seit 1954 kamen 31 Millionen Menschen nach Deutschland, während nur 22 Millionen im gleichen Zeitraum wegzogen.
5. Auf Grund des neuen bundesdeutschen Staatsbürgerschaftsrechts vom Jahre 2000 werden die in Deutschland geborenen Kinder ausländischer Herkunft die doppelte Staatsangehörigkeit erwerben.
6. Der ehemalige Bundestagsabgeordnete, Cem Özdemir, hofft, dass es eines Tages in Deutschland normal sein wird, dass man deutscher Staatsbürger türkischer Herkunft sein kann, beziehungsweise muslimischer Religion, ohne dass deutsche Medien einen zum „Türken mit deutschem Pass" machen.

---

1. Il ne serait pas décent de vouloir limiter l'immigration pour raison humanitaire. L'Allemagne est moralement et juridiquement tenue d'accueillir les réfugiés, les rapatriés et les parents proches.
2. L'Allemagne doit recruter de manière ciblée de la main-d'œuvre étrangère parce que la main-d'œuvre qualifiée fait défaut sur le marché national.
3. Dans les décennies à venir, environ un cinquième de la main-d'œuvre en moins sera à disposition. Aujourd'hui déjà, malgré un chômage élevé, de nombreuses offres d'emploi ne peuvent être satisfaites parce qu'il manque aux demandeurs d'emploi la qualification requise.
4. D'après les calculs de la section chargée de la démographie aux Nations unies, il faudrait pour complètement stopper le vieillissement de la population, que 188 millions de personnes immigrent en Allemagne.
5. Une fois la demande d'asile acceptée, un titre de séjour illimité ne sera accordé qu'au bout de trois ans, à condition que la situation n'ait pas changé dans le pays d'origine.
6. Il ne fait aucun doute que la question de la double nationalité doit être traitée de manière différente suivant qu'on la possède depuis la naissance ou qu'on l'ait acquise après une demande de naturalisation.

WORTSCHATZ

Abschiebung (die)	l'expulsion, le retour à la frontière
Abwanderungssaldo (der)	le solde migratoire
Alterung (die)	vieillissement
Angehörige (der/die)	membre, parent
ansässig	domicilié, établi
anwerben	recruter, embaucher
Arbeitserlaubnis (die)	l'autorisation, le permis de travail
Arbeitsmigration (die)	la migration de travail
Aufenthaltsgenehmigung (die)	l'autorisation de séjour
auf/heiraten	accueillir dans sa famille par le mariage
Aussiedler (der)	rapatrié de souche allemande
Auswirkung (die), (auf + A)	effet, influence sur
beantragen	faire / déposer une demande de
begrenzen	limiter, réduire
Bevölkerungsvorausberechnung (die)	la projection démographique
Dienstpflicht (die)	le devoir de service (national)
doppelte Staatsangehörigkeit (die)	la double nationalité
Eckpunkt (der)	le pilier
Einbürgerung (die), (anstreben)	la naturalisation (aspirer à)
einbürgerungswillig	disposé à faire une demande de naturalisation
Einwanderer (der)	l'immigrant
ererben	obtenir par hérédité, par filiation
Erfordernisse des Arbeitsmarktes	les impératifs du marché du travail
erwerben	acquérir, obtenir
Fachkraft (die)	main-d'œuvre qualifiée
Familiennachzug (der)	le regroupement familial
Flüchtling (der)	le refugié, le fugitif
Frist (die)	le délai
Geburtenziffer (die), Geburtenrate (die)	le taux de natalité
Herkunftsstaat (der)	l'état d'origine
ius sanguinis (das), (das Blutrecht)	le droit du sang
ius soli (das), (das Bodenrecht)	le droit du sol
Lebenserwartung (die)	l'espérance de vie
Mehrstaatigkeit (die)	la pluralité de nationalités, la plurinationalité
mittelfristig	à moyen terme
Not und Armut entfliehen	fuir la misère et la pauvreté
schrumpfen	baisser, décroître, rapetisser
sich ein/leben	s'acclimater, s'intégrer
Sozialleistungen (die)	les prestations sociales
Sprachkurs (der), (belegen)	cours de langue (suivre, attester de)
Staatsangehörigkeit (die), Nationalität (die)	la nationalité
staatsbürgerrechtlich	au regard de la loi sur la cityonneté
Staatsbürgerschaft (die)	la citoyenneté, la nationalité
Vertriebene (der/die)	l'expulsé
verzichten (auf + A)	renoncer à
Volksdeutsche (der/die)	la personne allemande de souche et de culture
Wahlberechtigte (der/die)	la personne ayant le droit de vote
zu/billigen	accorder, concéder
Zuwanderung (die)	immigration, l'afflux de nouvelle population
Zuzugsbegrenzung (die)	limitation de l'afflux de population

WICHTIGE DATEN

Zuwanderungs- und Staatsbürgerschaftsrecht

1945-1961	Kriegsgefangene, **Volksdeutsche**, **Aussiedler**, Spätaussiedler, Übersiedler und Vertriebene ziehen nach Deutschland.
1955	**Anwerbe**verträge mit Italien.
1960	Anwerbeverträge mit Griechenland.
1961	Anwerbeverträge mit der Türkei.
1963	Anwerbeverträge mit Marokko.
1964	Anwerbeverträge mit Portugal.
1965	Anwerbeverträge mit Tunesien.
1968	Anwerbeverträge mit Jugoslawien.
28.04.1965	Neues Ausländergesetz: Wird einem Gastarbeiter gekündigt, darf er sich nicht länger in Deutschland aufhalten.
23.11.1973	**Anwerbe**stopp.
1992	Ein neues Staatsbürgerschaftsrecht erregt großes Aufsehen: Man glaubt, die Einführung der **Doppelstaatsangehörigkeit** könne die Integration fördern. Doch bis 1999 wird nur gestritten und debattiert.
1999	Dank ihrer Position gegen die Einführung der doppelten **Staatsbürgerschaft** gewinnt die Union die hessische Landtagswahl.
2000	Der Anwerbestopp von 1973 wird außer Kraft gesetzt: Kanzler Schröder führt die von den USA inspirierte Green-Card für ausländische Computerfachleute ein.
2001	Zuwanderungskommissionen der CDU und der Bundesregierung legen ihre Ergebnisse vor, auf deren Grundlage die Bundesregierung ein **Zuwanderungsgesetz** entwirft.
01.03.2002	Der Bundestag verabschiedet das **Zuwanderungsgesetz** mit rot-grüner Mehrheit.
22.03.2002	Abstimmungs-Eklat im Bundesrat: Brandenburgs unklares Votum wird als Zustimmung angesehen.
20.06.2002	Bundespräsident Rau unterschreibt das Zuwanderungsgesetz und beantragt gleichzeitig die Prüfung durch das Bundesverfassungsgericht.
18.12.2002	Abstimmung des BR durch das BVG aus formalen Gründen annulliert.
Anfang 2003	Der BT stimmt dem kaum veränderten Entwurf von 2002 wieder zu, aber diesmal lehnt ihn der BR ab. Das Gesetz geht in den Vermittlungsausschuss.
04 2004	Nach den Attentaten in Madrid scheitern die Verhandlungsrunden an den höheren Forderungen der Opposition im Bereich der inneren Sicherheit.
25.05.2004	Regierung und Opposition einigen sich auf ein neu erarbeitetes Zuwanderungsgesetz.
01.01.2005	In-Kraft-Treten des neuen Zuwanderungsgesetzes.

ZUM NACHDENKEN

Pro und Kontra

- Deutschland und Frankreich halten sich an die EU-Regelung zur **doppelten Staatsangehörigkeit**: wenn ein Franzose ausdrücklich Deutscher werden will, verliert er automatisch seine französische **Nationalität**, und umgekehrt gilt es auch für den Deutschen. Führen Sie Argumente für und gegen die doppelte **Staatsbürgerschaft** an.
- Die **Arbeitsmigration** ist momentan die einzige Lösung, um den Mangel an hochqualifizierten Arbeitskräften in Deutschland zu beheben. Stimmt diese These?
- Eine große Mobilität der europäischen Arbeitskraft ist für alle EU-Länder wünschenswert; damit entsteht ein reger Austausch zwischen Menschen, die ihre Erfahrungen und Kompetenzen weiter geben können. Die **Zuwanderung** trägt zur Erneuerung des Gastgeberlandes bei und schließlich auch zur Toleranz. Wägen Sie das Pro und Kontra einer erhöhten Mobilität ab.
- Ein Ausländer, der länger als 5 Jahre in einem Land gelebt hat oder beabsichtigt, in diesem Land zu bleiben, sollte das Wahlrecht für Kommunal-, Parlaments- und Präsidentschaftswahlen erhalten. Was halten Sie davon?
- Eine europäische **Staatsangehörigkeit** würde alle Probleme lösen! Was meinen Sie dazu?

Persönliche Stellungnahme

- Deutschland will die **Zuwanderung** steuern und **begrenzen**. Wie stehen Sie dazu?
- Äußern Sie sich zu der folgenden Erklärung und begründen Sie Ihren Standpunkt mit konkreten Beispielen:
  „Deutschland braucht Einwanderer. Sinkende **Geburtenraten** und steigende **Lebenserwartung** führen zu einer alternden und **schrumpfenden** Bevölkerung. Ohne Zuwanderung hätte Deutschland im Jahr 2050 nur noch 59 Millionen Einwohner, 23 Millionen weniger als heute! Und 100 Personen mittleren Alters müssten dann nicht mehr nur für 39, sondern für 90 ältere Menschen aufkommen. Die Renten, die Kranken- und Pflegekosten sind in Zukunft nur noch finanzierbar, wenn jüngere Zuwanderer für einen demografischen Ausgleich sorgen."
- Ein Zuwanderer könnte objektiv sagen: „Ich bin nicht hier, weil ich gemocht, sondern weil ich gebraucht werde!" Was meinen Sie dazu?
- Euroskeptiker üben eine scharfe Kritik an der wachsenden Zuwanderung, weil sie die nationale Identität in Gefahr bringt. Nehmen Sie dazu Stellung.

Klassen – und Gruppenarbeit

Fordern Sie Material bei dem AID (Aktueller Informationsdienst zu Fragen der Migration und Integrationsarbeit – www.isoplan.de) an und stellen Sie Beispiele von Integration und Nicht-Integration vor.

Recherchieren Sie über die aktuelle Bevölkerungs- und Zuwanderungsentwicklung. Berechnen Sie dann, wie viele Zuwanderer kommen müssten, um dem **Schrumpfen** der deutschen Bevölkerung entgegenzuwirken. Präsentieren Sie Ihre Ergebnisse.

DIE OSTALGIE
L'OSTALGIE

FAKTEN

15 Jahre nach dem Mauerfall ist die DDR anscheinend kein Schreckbild mehr.

Seit einiger Zeit liegt das Alltagsleben in der ehemaligen DDR voll im **Trend**, nicht nur im Osten. Trabbi fahren, Ostsongs trällern, das kommt in Mode, der Riesenerfolg des Kultfilms *Good Bye Lenin!* setzte dem Ganzen die Krone auf. Dieser **Rückblick** auf den DDR-Lebensstil wird mit einer neuen Wortbildung bezeichnet, man nennt sie **die Ostalgie** (ein Wortspiel aus *Osten* und *Nostalgie*).

Die marode **Mangelwirtschaft** und die grausam eingeschränkten **Freiheitsrechte** der DDR-**Bürger** werden hingegen kaum noch erwähnt.

Ob diese Mode von Dauer sein wird, ist fraglich. Wie konnte sie aber zustande kommen?

Der Frust mancher **Ossis** hat dabei eine bedeutende Rolle gespielt: sie haben die „blühenden Landschaften", die der damalige Bundeskanzler Helmut Kohl 1990 den ostdeutschen **Wählern** versprochen hatte, immer noch nicht gesehen, viele sind inzwischen arbeitslos geworden. Sie haben oft das Gefühl, als Bürger zweiter Klasse angesehen zu werden, und sind immer noch auf der Suche nach ihrer Identität im **vereinigten Deutschland**. Also versuchen sie zugleich, sich von den Westlern **abzugrenzen** und **zusammenzuhalten** indem sie „ihre" DDR wieder aufleben lassen.

Wie zum Beispiel in so genannten „Ostalgie-Partys": bei diesen Veranstaltungen werden nur DDR-Getränke getrunken (Vita Cola, Rotkäppchensekt…), meist im „Ossiladen" gekauft. Am besten fährt man zu solchen Partys im restaurierten Trabant mit DDR-Autoschild, und trägt dabei Kleider mit DDR-Motiven, wie z.B das Ampelmännchen (das Maskottchen der Ostalgiker).

Dabei wird offenbar vergessen, dass die DDR alles andere als ein Paradies war, sondern ein diktatorisches Regime, das den eigenen Bürgern jahrzehntelang Meinungs- und Reisefreiheit unerbittlich **verweigerte**. Außerdem wurden die jetzt so beliebten DDR-Produkte damals allgemein **verschmäht**: wer „Westpakete" bekam, war ein glücklicher Mensch…

Nicht nur im Osten ist man „ostalgisch", auch Wessis interessieren sich plötzlich für das Leben hinter der Mauer. Echte **Teilnahme** oder schamlose **Vermarktung**?

Schlaue **Geschäfts**leute verstehen es, aus der heutigen **Ostalgiewelle** Gewinn zu schlagen: Westdeutsche Musikkonzerne haben zum Beispiel die Rechte für DDR-Musik gekauft und machen Geld damit.

Die Massenmedien haben sich auf manchmal ungesunde Weise für die Ostalgie interessiert, im Fernsehen blühen die Ostalgie-Shows auf, Klingeltöne für das **Handy** inklusive!

Kaum ein Tourist verlässt Berlin ohne Ampelmännchen-*T-Shirt*, und der Film *Good bye, Lenin!* läuft seit 2003 pausenlos in Berliner wie in Hamburger Kinos.

Niemand glaubt im Ernst, dass die Ostdeutschen die deutsche Einheit **rückgängig machen** wollen, andrerseits kann man nicht von ihnen verlangen, dass sie ihre frühere Identität einfach **verleugnen**. Vielleicht kann die Ostalgiewelle allen Deutschen helfen, ihre bewegte jüngere **Vergangenheit** zu **bewältigen**.

PRESSESPIEGEL

OSTDEUTSCHE VERMISSEN DDR-ALLTAG

Ostalgie ist für viele ehemalige DDR-Bürger offenbar nicht nur ein Wort. Eine **Umfrage** hat jetzt ergeben, dass etwa jeder dritte Ostdeutsche es bedauert, dass so wenig vom DDR-Alltag übrig geblieben ist. Weitere 23 Prozent sind deswegen zumindest teilweise **wehmütig**, ergab die Umfrage im Auftrag des Magazins „Stern". 43 Prozent der befragen Ostdeutschen vermissen den DDR-Alltag dagegen nicht. Am 29. und 30. August wurden dazu 802 Bundesbürger in den neuen Ländern befragt.

Rheinische Post

UMFRAGE: DDR-SHOWS VERSTÄRKEN VORURTEILE

Eine überwältigende Mehrheit der Befragten glaubt, dass die Ostalgie-Shows bestehende **Vorurteile** von „Wessis" gegen „Ossis" verstärken. 73% der Ostdeutschen und 68% der Westdeutschen teilen diese Auffassung. Nur 2% glaubt, dass solche Shows tatsächlich den realen Alltag in der DDR vermitteln würden. Mit einem klaren Nein wurde die Frage beantwortet, ob durch Fernseh-Shows Geschichte **aufgearbeitet** werden könne. 69% halten es für unmöglich.

Die Welt

JUNGE LEUTE AUS WEST UND OST ZUR OSTALGIEWELLE

Ismail: Ich interessiere mich zwar für Ostprodukte, da ich sie als Junge vom Bodensee nicht kenne, aber ich betreibe keinen Extra**zeitaufwand**, um mir diese Artikel zu besorgen. Außerdem kaufe ich nur das, was ich zum Überleben brauche!
Der Ossi Hanne hat von den Wellen, die so durch die Szeneläden ziehen, genug bekommen. Auch von der Ostalgie.
Hanne: Mittlerweile nervt mich sowohl die Ostalgie – als auch die Retrowelle. In Berlin boomt das Geschäft damit – und ich kann speziell die **Klamotten** nicht mehr sehen!

GZSZ Magazin

„OSTALGIE" – DIE RENAISSANCE DER DDR

Die Westdeutschen haben eine Vergangenheit. Und die Ostdeutschen auch. Und wer sich über Zweiraumwohnungen und dergleichen beschwert, der sollte mal an westdeutsche Peinlichkeiten wie **Kohl und Pinkel** denken. Endlich beginnt nun das zusammenzuwachsen, was zusammen gehört – mit all den so unterschiedlichen Erinnerungen auf beiden Seiten. Und aufgemerkt: Die **Spreewaldgurke** hochzuhalten heißt noch lange nicht, den DDR-Staat posthum zu rehabilitieren. Aber dafür müsste man ja differenzieren...

www.zdf.de

PRESSESPIEGEL

OSTALGIE - IST DIE DDR DIE WEHMUT WERT?

Blick zurück mit wenig Zorn: Die ehemalige DDR befindet sich auf dem besten Wege in die „gute alte Zeit". Viel Sonne und wenig Schatten scheinen zumindest die zahlreichen TV-Shows zu suggerieren. Eine legitime Betrachtungsweise und die korrekte Darstellungen des Lebens unter dem deutschen Sozialismus? Oder eine ungerechtfertigte **Verklärung**? Können Shows eine passende Umgangsform mit einem historischen Phänomen wie der DDR bieten?

Der Spiegel

OSTALGIE TOUR IN BERLIN

Die Tour „Ostalgie" führt entlang wichtiger Stätten der DDR-Zeit. In den Jahren der Teilung haben sich zwei politische und gesellschaftliche Systeme und somit auch unterschiedliche historische Entwicklungen ausgebildet. Nach dem Fall der Mauer ist Berlin wieder zusammengewachsen, dennoch ist die Vergangenheit vielerorts lebendig geblieben. Auf der einen Seite steht die schwierige historische Aufarbeitung, auf der anderen Seite die Ostalgie, die sich z.B. in der Beliebtheit der Ost-Ampelmännchen zeigt. Entlang unserer Tour werden beide Seiten deutlich.

Berlin Tourist Information

ÖSTLICH, KÖSTLICH, GUT!

Nach der Wende wurden Ostprodukte verschmäht, doch nun feiern sie ein Revival: Mitten in München gibt's ein Stück Mini-DDR. Ostdeutschland beginnt in „Ricos Ossiladen". Wer die Türschwelle überschreitet, findet sich unvermittelt in einer anderen Welt wieder. Auf 90 m² türmen sich Flaschen mit Rotkäppchen-Sekt und Vita Cola. Das Geschäft mit der Heimat läuft. Rund 90% der Kunden stammen aus den neuen Bundesländern. Die meisten sind wegen der Arbeit im Westen gelandet. Was bleibt, ist das **Heimweh**... Echte Ostalgiker parken mit einem Trabbi oder MZ vor die Tür.

Focus

DEBATTE UM OSTALGIE-WELLE
DDR-Shows sollen das unwürdige System nicht verharmlosen.

Thüringens Ministerpräsident Dieter Althaus warnte, der Rückblick auf die DDR dürfe nicht nostalgisch erfolgen, er müsse die reale DDR-Wirklichkeit **widerspiegeln**. Der Leipziger Medienwissenschaftler Hans-Jörg Stiehler meinte, die Ostalgie-Welle verdränge die politische Diskussion ums DDR-Erbe, und der Psychotherapeut Hans-Joachim Maaz prangerte an, dass oberflächlich auf der Nostalgiewelle geritten werde. Die menschenunwürdige Seite des Systems dürfe nicht **verharmlost** werden.

Hamburger Abendblatt

THÈME

1. Certains Allemands de l'Est se plaignent que les promesses électorales n'ont pas été tenues et regrettent l'époque de la RDA.
2. Tout ce qui rappelle le quotidien de la RDA est dans le vent, et les produits de l'Est, autrefois dédaignés, sont désormais très appréciés.
3. Par contre on oublie que la RDA était un pays où la liberté d'opinion était sévèrement restreinte.
4. Certains Allemands de l'Est sont à la recherche de leur identité depuis la réunification, car ils ont l'impression que l'Ouest ne s'intéresse pas à eux.
5. Comme dans le film *Good Bye Lenin!*, on essaie de faire revivre la RDA en organisant des fêtes « ostalgiques ».
6. À Berlin particulièrement, on remarque que le passé est encore bien vivant, même si la ville a refermé ses blessures depuis la chute du mur.
7. Les ex-Allemands de l'Est retrouvent dans l'ostalgie une part de leur histoire et de leurs repères culturels, trop vite balayés par la chute du mur. Leurs cousins de l'Ouest, saturés de consommation, apprécient la sobriété et à l'authenticité des produits ossis.

VERSION

1. Das Wortspiel „Ostalgie" leitet sich von Nostalgie ab. Es bedeutet, dass man nostalgisch bzw. sehnsüchtig an den Osten, also die DDR, zurückdenkt.
2. In Dresden öffnete auf sieben Stockwerken ein Ostalgie-Warenhaus seine Pforten. Dort können die Kunden alles kaufen, was einst den DDR-Alltag prägte.
3. Momentan haben Ostalgie-Shows einen Riesenerfolg: sie nutzen das im Osten vorhandene Erinnerungsbedürfnis aus, aber rücken nie die diktatorische Seite der DDR in den Blick.
4. Anhand verschiedener Umfragen unter der Bevölkerung lässt sich einschätzen, inwieweit die Ostalgie die innere Einheit Deutschlands betrifft.
5. Als „blühende Landschaften" würden sich die neuen Bundesländer 15 Jahre nach dem Fall dem Fall der Mauer gewiss nicht bezeichnen. Die Euphorie hat der Ernüchterung Platz gemacht.
6. Moderator Ulrich Meyer wehrt sich gegen die Kritik an seiner Sendung: „Mit dem Alltag in der DDR haben wir arrogante Wessis uns nie befasst. Und die Ossis trauten sich bislang nicht, diese Dinge an die Oberfläche zu bringen."
7. Die Menschen ziehen einen Vergleich beider erlebter Systeme, und gelangen zur Erkenntnis, „dass man zwar in einer Diktatur leben, aber deswegen nicht zwangsläufig ein schlechterer Mensch sein muss."

1. Gewisse Ossis beklagen sich darüber, dass die Wahlversprechen nicht eingehalten wurden, und vermissen die Zeit der DDR.
2. Alles, was an den DDR-Alltag erinnert, ist voll im Trend, und die früher verschmähten Ostprodukte sind nun sehr beliebt.
3. Es wird hingegen vergessen, dass die Meinungsfreiheit in der DDR streng eingeschränkt war.
4. Seit der Wiedervereinigung sind gewisse Ostdeutsche auf der Suche nach ihrer Identität, denn sie haben das Gefühl, dass der Westen sich nicht für sie interessiert.
5. Wie im Film *Good Bye Lenin!* wird versucht, die DDR wieder aufleben zu lassen, indem man „Ostalgie-Partys" organisiert.
6. Vor allem in Berlin fällt einem auf, dass die Vergangenheit immer noch lebendig ist, selbst wenn die Stadt seit dem Fall der Mauer ihre Wunden geheilt hat.
7. In der Ostalgie finden die früheren Ostdeutschen einen Teil ihrer Geschichte und ihrer kulturellen Anhaltspunkte wieder, die durch den Fall der Mauer allzu schnell weggefegt worden sind. Ihre vom Konsum übersättigten westdeutschen Vettern schätzen das Schlichte und Echte an den Ossi-Produkten.

---

1. Le jeu de mot « Ostalgie » est dérivé du terme nostalgie. Il signifie qu'on se souvient de l'Est, donc de la RDA, avec nostalgie, voire avec regret.
2. À Dresde, un grand magasin de l'Ostalgie a ouvert ses portes sur sept étages. Les clients peuvent y acheter tout ce qui caractérisait autrefois la vie quotidienne en RDA.
3. Actuellement, les *shows* ostalgiques ont un immense succès : ils se servent du besoin de se souvenir présent à l'Est, mais ne mettent jamais en lumière l'aspect dictatorial de la RDA.
4. Au vu de divers sondages dans la population, on peut se rendre compte dans quelle mesure l'Ostalgie concerne l'unité intérieure de l'Allemagne.
5. Quinze ans après la chute du mur, les nouveaux Länder ne se qualifieraient certes pas de « paysages florissants ». L'euphorie a laissé place à la désillusion.
6. L'animateur Ulrich Meyer se défend contre les critiques à l'égard de son émission : « Avec notre arrogance d'Allemands de l'Ouest, nous ne nous sommes jamais occupés de la vie quotidienne en RDA. Et jusqu'à présent les gens de l'Est n'osaient pas mettre cela sur le tapis. »
7. Les gens comparent les deux systèmes qu'ils ont connus, et parviennent à la conclusion « que ce n'est pas parce qu'on doit vivre dans une dictature, qu'on est pour autant forcément pire qu'un autre. »

WORTSCHATZ

sich abgrenzen	*se démarquer*
aufarbeiten	*faire un travail de mémoire*
berauben (+ G)	*priver de*
beseitigen	*éliminer*
bewältigen	*se colleter avec qch.*
Bürger (der)	*le citoyen*
Freiheitsrechte (die)	*les libertés*
Geschäft (das)	*le magasin ou l'affaire*
Handy (das)	*le téléphone portable*
Heimweh (das)	*le mal du pays*
Klamotten (die)	*les vêtements (familier)*
Kohl und Pinkel (der)	*plat (indigeste) de l'Allemagne du Nord-Ouest*
Mangelwirtschaft (die)	*l'économie de pénurie*
Ossi (der)	*l'Allemand de l'Est (péjoratif)*
rückgängig machen	*annuler, revenir sur qch.*
Spreewaldgurke (die)	*marque de cornichons typique de la RDA*
Teilnahme (die)	*la sympathie*
Trend (der)	*la tendance, le goût du jour*
Umfrage (die)	*le sondage*
vereinigte Deutschland (das)	*l'Allemagne unifiée*
Vergangenheit (die)	*le passé*
verharmlosen	*minimiser (cf. bagatellisieren)*
Verklärung (die)	*la transfiguration*
verleugnen	*renier*
Vermarktung (die)	*la commercialisation*
vermissen	*regretter*
verschmähen	*dédaigner*
verweigern	*refuser*
Vorurteil (das)	*le préjugé*
Wähler (der)	*l'électeur*
wehmütig	*nostalgique*
Welle (die)	*la vogue*
widerspiegeln	*refléter*
Zeitaufwand (der)	*le temps investi*
zusammenhalten	*se serrer les coudes*
zuschieben	*imputer qch. à qn*

WICHTIGE DATEN

08.05.1945	Das Jahr Null: das besiegte Deutschland liegt in Trümmern.
05.05. /07.10.1949	Gründung der Bundesrepublik und der DDR.
13.05.1961	Bau der Mauer in Berlin, alle Wege nach Westberlin werden zugesperrt.
09.11.1989	Die Berliner Mauer stürzt.
03.10.1990	Das Ende der DDR wird proklamiert und Deutschland wird wiedervereinigt.
1990-2000	Die Umstellung der sozialistischen Planwirtschaft auf eine soziale Marktwirtschaft verläuft schwieriger als angenommen, die Hoffnungen auf ein neues Wirtschaftswunder werden enttäuscht.
2003	Filmstart von *Good Bye Lenin!* Ostalgie-Shows im Fernsehen.

ZUM NACHDENKEN

Argumente für oder gegen die Ostalgie-Welle

☞ Pro
- In der DDR haben auch Menschen gelebt, man soll sie nicht ihrer Identität **berauben**.
- Die kommunistische Ideologie lässt sich nicht **beseitigen**, indem man die DDR einfach vergisst.
- Zum heutigen Kult um den deutschen demokratischen Alltag hat der jahrelange Schwarz-Weiß-Umgang mit der DDR beigetragen.
- Die „Ostalgie"-Welle ist der Anlass, nach 15 Jahren endlich die 40 Jahre DDR vorurteilsfrei und dennoch kritisch als ein wichtiges Kapitel deutscher Geschichte aufzuarbeiten.
- Die Systemwelt des Staates DDR und die Lebenswelt seiner Bewohner hingen zusammen, waren aber nie identisch.

☞ Kontra
- Die heutige Ostalgiewelle **bagatellisiert** die wirklichen Verhältnisse in der DDR, auf wirtschaftlicher wie auf sozialer Ebene.
- Mehr als 1 000 Menschen sind an der deutsch-deutschen Grenze ums Leben gekommen, weil sie die DDR fliehen wollten: man soll es nie vergessen.
- Ostalgie-Shows sind nicht das Mittel, um über das Wesen der DDR und das Leben in ihr wirklich zu informieren. Sie verharmlosen die Gefahren, die der Demokratie durch totalitäre Ideologien drohen.
- Die lukrativen Ostalgie-Shows werden vor allem von vielen früheren DDR-Bürgern nachgefragt, die ihre heutige Arbeitslosigkeit und Unzufriedenheit dem Kapitalismus **zuschieben**, und die Schuld daran nicht im Sozialismus sehen wollen oder können. Hier liegt eine Gefahr der **Verklärung**.

☞ Wie erklären Sie sich die „Ostalgie" in den neuen Bundesländern? Warum scheint es keine besondere „Westalgie" zu geben?

DIE BIOETHIK
LA BIOÉTHIQUE

FAKTEN

Dreieinhalb Jahre nach der großen Abstimmung im Bundestag über die Stammzellregelung ist die Diskussion erneut aufgeflammt. Wieder geht es um die Frage, ob ein Embryo im früesten Stadium Menschenwürde genießt oder nur eine Ansammlung biologischer Zellen ist. Währenddessen hoffen Wissenschaftler auf internationalen Anschluß und sie unterstützen eine Lockerung des Gesetzes.

Während das 20. Jahrhundert von spektakulären Durchbrüchen in der Physik und Chemie bestimmt war, wird das 21. Jahrhundert von den Biowissenschaften beherrscht werden. Die riesigen Fortschritte der Genetik und der Gentechnologien mit Hilfe des Computers sind dabei unsere Welt zu verändern. Der Computer ist imstande, genetische Informationen zu verwalten und zu organisieren, eine technologische und kommerzielle Umwälzung wird durch Bioinformatik und Genomik in Gang gesetzt. Die Wissenschaftler manipulieren zum ersten Mal in der Geschichte das Leben, indem sie das Erbgut von Lebewesen umprogrammieren: Gene werden dazu benutzt, neue biologisch abbaubare Kunststoffe herzustellen, Nahrungsmittel und Medikamente zu schaffen, Gene ermöglichen neue Heilmethoden… Stammzellen, Klonieren, genetische Manipulationen werfen aber grundsätzliche Fragen auf: Inwiefern kann man den menschlichen Zugriff auf die Naturkräfte rechtfertigen, welche Risiken kann diese neue Macht bergen? Welche Rolle spielt von nun an die Bioethik in unserer Gesellschaft?

In Europa, insbesondere in Deutschland, sind wegen der nationalsozialistischen Züchtungsprogramme eugenische Konzepte noch tabu, während sie in Amerika, gerade weil man die eigenen Vorhaben gegen die deutschnationalistischen glaubt absetzen zu können, freimütig diskutiert werden.

Durch die Präimplantationsdiagnostik (PID) ließen sich Eizellen mit einem bestimmten genetischen Defekt aussondern – was bei Kritikern ethisch auf heftige Bedenken stößt. In Deutschland ist die PID durch das Embryonenschutzgesetz verboten.

In Deutschland verbietet das 2002 verabschiedete Stammzellengesetz die Herstellung menschlicher embryonaler Stammzellen. Die großen Hoffnungen deutscher Forscher gründen sich also auf Test-Erfolge bei Tieren. Jetzt fordern sie Zugang zu humanen embryonalen Stammzellen. Die Wissenschaftler hoffen ja den Heilungsmöglichkeiten für schwere chronische Krankheiten, wie Parkinson oder Alzheimer näher zu kommen.

Heutzutage ist die Einfuhr embryonaler Stammzellen begrenzt zugelassen. Verwendet werden dürfen nur Zellen aus Zellkulturen, die vor dem 1. Januar 2002 existiert haben. Voraussetzung ist auch, dass die Zellen aus künstlich erzeugten Embryos gewonnen wurden, die ursprünglich für eine Schwangerschaft gedacht waren.

In der Debatte um die Grenzen der Gentechnik gehen die Meinungen weit auseinander. Auch innerhalb der Parteien – vor allem in CDU und SPD – stehen sich verschiedene Positionen gegenüber.

PRESSESPIEGEL

Der **Rohstoff** aus dem Körper ist ebenso **begehrt** wie **umstritten**. Monatelang zankten sich vergangenes Jahr Ethiker, Kliniker und **Grundlagenforscher** in Deutschland um die Frage, woher Stammzellen zu beziehen seien.
Nach einer Bundestagsdebatte setzten sich am Ende die Embryonalzell**verfechter** durch: Zum 1. Juli 2002 trat das Stammzellimportgesetz in Kraft, fortan war die **Einfuhr** von embryonalen Stammzellen nach Deutschland zu Forschungszwecken unter strengen **Auflagen** erlaubt.

Die Zeit

„DAS IST EINE ATEMBERAUBENDE ENTWICKLUNG"
Die Bioexpertin Maria Böhmer über die Auswirkungen der neuen Erkenntnisse auf die Gesetzgebung

Die Erzeugung von **Eizellen** ist nur eines der Probleme beim therapeutischen Klonen. Das könnte in der Zukunft nach den **Schöl erschen** Erkenntnissen gelöst werden. Das andere Kernproblem ist, dass im Rahmen des therapeutischen Klonens ein Embryo entsteht, der getötet werden müsste. Diesen Verbrauch von Embryonen haben wir in Deutschland per Gesetz **ausgeschlossen** und streben entsprechende internationale Regelungen an. Daran ändern auch die neuen **Forschung**sergebnisse nichts.

Die Zeit

SOLLTE GENTECHNIK WEITER BETRIEBEN WERDEN?
Thomas Goppel, ehemaliger Staatssekretär im Wissenschaftsministerium antwortet ja:

Ohne Gentechnik werden wir die Schrecken vieler Krankheiten, einschließlich Krebs, nicht bezwingen. Der Rohstoff „Geist" ist der einzige Rohstoff, der uns in Deutschland **langfristig** bleiben wird. Gerade die Gentechnik kann uns helfen, Ökonomie und Ökologie zu **versöhnen**, durch umweltfreundliche gentechnische **Verfahren** und **Verringerung** des **Einsatzes** von Pflanzenschutzmitteln in der **Landwirtschaft**. Gerade für die ärmsten Länder besteht dadurch die Hoffnung, ihre Ernährungsgrundlage zu sichern.

Focus

CHRISTIANE NÜSSLEIN-VOLHARD

Ist Direktorin der **Abteilung** Genetik am Max-Planck-Institut für Entwicklungsbiologie in Tübingen. Sie hat sich wiederholt für eine **Versachlichung** der Diskussion über Genforschung ausgesprochen. Politiker und Philosophen müssten sich zunächst mit der Materie vertraut machen, bevor sie „Horrorszenarien" entwürfen. Über **Keimbahntherapie** und Präimplantationsdiagnostik hat die Forscherin sich wiederholt skeptisch geäußert. Die **Entzifferung** des menschlichen Genoms sei insbesondere für die Entwicklung neuer Medikamente bedeutend.

Frankfurter Allgemeine Zeitung

„Unser **Embryonenschutzgesetz** verbietet", so der Staatssekretär Catenhusen, „bloß einen der beiden möglichen Wege ihrer **Gewinnung**, nämlich menschliche Eier nur zu dem Zweck zu **befruchten**, Stammzellen zu gewinnen". Der andere Weg, Zellen aus **abgegangenen Föten** zu isolieren, sei hingegen legal.

Focus

PRESSESPIEGEL

VERFALLSDATUM ÜBERSCHRITTEN
Das neue Stammzellgesetz ist bereits überholt

Fast alle waren erleichtert und niemand so recht zufrieden, als der Bundestag das Stammzellgesetz **verabschiedet** hatte. Die einen fanden die **Einschränkungen** beim Import menschlicher embryonaler Stammzellen (ES-Zellen) viel zu **lasch**. Andere beklagten die drohende **Abkoppelung** der deutschen Forschung durch die so genannte **Stichtagsregelung**. Tatsächlich dürfen nach dem nun geltenden Recht nur solche ES-Zellkulturen importiert werden, die bereits vor dem 1. Januar 2002 entstanden sind.

Die Zeit

NATIONALES FORUM ZU ETHISCHEN FRAGEN

Eine Fülle von Aufgaben hat Bundeskanzler Schröder den 23 Persönlichkeiten aus Wissenschaft, Politik, Gesellschaft und Kirche gestellt, die er für vier Jahre zu Mitgliedern des Nationalen Ethikrates berufen will: der Rat soll die interdisziplinäre Debatte von Naturwissenschaften, Medizin, Theologie und Philosophie sowie der Rechts-und Sozialwissenschaften zusammenführen; als nationales Forum soll er den Bürgern Diskussionsangebote **unterbieten**; er soll Konferenzen zu ethischen Themen abhalten, mindestens einmal im Jahr.

Frankfurter Allgemeine Zeitung

Embryonale Stammzellen können sich zu allen Arten von Körperzellen entwickeln. Möglicherweise sind sie die Therapie der Zukunft für Menschen mit **Zell-Versagen** wie bei Parkinson oder Diabetes. In den letzten zwei Jahren behaupten aber immer mehr Forscher, dass Stammzellen, die von Erwachsenen stammen, genauso **leistungsfähig** seien.

Bild der Wissenschaft

IN VITRO
Die Äußerungen der Bundesjustizministerin haben die Debatte über den Weg der Menschenwerdung neu entfacht

Sie vertritt die Ansicht, dass ein im Labor entstandener Embryo bis zu seiner **etwaigen Einpflanzung** in den Mutterleib zwar „kein **beliebiger** Zellhaufen" sei, „über den Eltern, Mediziner und Forscher **nach Gutdünken** verfügen könnten" – aber dass er sich noch nicht auf dem Weg der Menschwerdung befinde und ihm daher nicht das zukomme, was wir „**Menschenwürde**" nennen.

Die Zeit

„Was ethisch **unvertretbar** ist, wird nicht dadurch **zulässig**, dass es wirtschaftlichen Nutzen bringt." hat der Bundespräsident gesagt. Falls Schröder erkennt, worauf Raus Worte abzielen, dann müssen sie ihm böse im Ohr klingen. Was hatte der Kanzler vor zwei Tagen beim Sparkassentag gesagt? Moralisch sei nicht nur der Schutz der Embryonen – moralisch sei es auch, mittels der Biotechnologie für Arbeit und Wohlstand zu sorgen.

Süddeutsche Zeitung

DIE BIOETHIK 35

THÈME

1. Jamais auparavant l'être humain n'avait pu intervenir sur la nature de façon aussi profonde et aussi rapide, grâce aux découvertes en sciences de la vie, grâce aux biotechniques dans le domaine de la médecine et aux méthodes nouvelles de l'agriculture et de la pharmacie.
2. Certes les technologies génétiques promettent la guérison de lourdes maladies, mais la culture de cellules souches embryonnaires soulève la difficile question de l'embryon comme matière première.
3. Des cellules souches peuvent être maintenant reproduites à l'infini en laboratoire et un nombre croissant de scientifiques affirment qu'il ne serait pas moral de ne pas utiliser toutes les possibilités médicales.
4. Grâce au décryptage du génome humain et aux méthodes modernes de la recherche sur le génome, les scientifiques disposent maintenant d'un instrument approprié pour comprendre les mécanismes de maladies complexes.
5. Dans les 6 ou 7 années à venir sera sans doute élaborée une série de nouveaux médicaments, qui permettront de combattre des maladies face auxquelles nous sommes aujourd'hui encore impuissants.
6. L'Église évangélique allemande veut, par son suivi critique du progrès scientifique, contribuer à assurer la dignité des individus, surtout de ceux qui ne peuvent pas s'exprimer par eux-mêmes.
7. Si l'Histoire nous a appris quelque chose, c'est bien qu'il faut se rendre compte que toute nouvelle révolution technique apporte aussi bien des promesses que des dangers.

VERSION

1. Wird die massenhafte Freisetzung von Tausenden gentechnisch manipulierten Lebensformen in die Umwelt eine genetische Verschmutzung erzeugen und der Biosphäre irreversible Schäden zufügen?
2. Je effektiver eine Technologie bei der Ausbeutung und Kontrolle der Naturkräfte ist, desto höher wird vermutlich der Preis sein, den wir zu zahlen haben werden.
3. Hier beginnt das ethische Dilemma, weil für die Gewinnung der benötigten Wunderzellen im Ausland Embryonen verwendet werden müssen und das ist eine äußerst schwere Entscheidung über den Rohstoff Embryo.
4. Für die Befürworter einer beschränkten Zulassung von PID stellt sich vor allem die Frage, warum ein künstlich gezeugter Embryo im Reagenzglas nicht untersucht werden darf, während dies im Mutterleib durch die vorgeburtliche Diagnostik erlaubt ist.
5. Den Kirchen nach ist es unbedingt notwendig, Methoden und Ziele wissenschaftlicher Erkenntnisse auf ihren Beitrag für eine Humanisierung der Lebenswelt kritisch zu prüfen.
6. Die rasche Weiterentwicklung der Anwendung gentechnischer Verfahren auf Tiere, Pflanzen und Mikroorganismen sowie der zunehmende nationale und internationale Regelungsbedarf machte eine ernste Studie erforderlich.
7. Im Mittelpunkt der Bioethik steht die ethische Beurteilung der drei Themenfelder, die die international geführte Debatte beherrschen, nämlich der Kennzeichnung neuartiger Lebensmittel, der Patentierung biotechnologischer Erfindungen und der biologischen Sicherheit.

1. Nie zuvor hat der Mensch dank den naturwissenschaftlichen Entdeckungen, den Biotechnologien im Bereich der Medizin und den Methoden in Landwirtschaft und Pharmazie so tief und so schnell in die Natur eingreifen können.
2. Zwar verheißen die Gentechnologien die Heilung von schweren Krankheiten, aber die Gewinnung von Embryonenstammzellen wirft die schwierige Frage des Embryos als Rohstoff auf.
3. Stammzellen können jetzt grenzenlos im Labor vermehrt werden und eine wachsende Zahl von Wissenschaftlern behaupten, dass es unethisch wäre, alle medizinischen Möglichkeiten nicht zu nutzen.
4. Dank der Entschlüsselung des menschlichen Genoms und den modernen Methoden der Genomforschung verfügen die Wissenschaftler über ein geeignetes Instrumentarium, um die Mechanismen komplexer Krankheiten aufzuklären.
5. Innerhalb der nächsten 6 bis 7 Jahre wird vermutlich eine Reihe von neuen Medikamenten entwickelt werden, die ermöglichen werden, Krankheiten zu bekämpfen, denen wir heute noch hilflos gegenüberstehen.
6. Die deutsche evangelische Kirche will dazu beitragen, durch ihre kritische Begleitung des wissenschaftlichen Fortschritts die Würde der einzelnen Menschen und vor allem derer, die sich selbst nicht äußern können, zu sichern.
7. Wenn uns die Geschichte irgend etwas gelehrt hat, dann ist es die Einsicht, dass jede neue technische Revolution sowohl Verheißungen wie Gefahren mit sich bringt.

---

1. La libération en masse dans notre environnement de milliers de formes de vie manipulées génétiquement va-t-elle engendrer une pollution génétique et infliger à la biosphère des dommages irréversibles ?
2. Plus une technologie aura d'effets sur l'exploitation et le contrôle des forces de la nature et plus élevé sera sans doute le prix que nous aurons à payer.
3. C'est ici que commence le dilemme éthique parce que pour obtenir les miraculeuses cellules dont on a besoin à l'étranger des embryons doivent être utilisés et c'est une décision extrêmement difficile à prendre en ce qui concerne l'embryon comme matière première.
4. Pour les tenants d'une autorisation limitée du diagnostique préimplantatoire se pose avant tout la question de savoir pourquoi un embryon créé artificiellement *in vitro* ne peut faire l'objet de recherches alors que ceci est autorisé *in vivo* lors du diagnostique prénatal.
5. Selon les Églises, il était absolument nécessaire de contrôler de façon critique en quoi les méthodes et les applications des connaissances scientifiques peuvent contribuer à une humanisation du monde dans lequel nous vivons.
6. Le rapide développement de l'application des méthodes des techniques génétiques aux animaux, aux plantes et aux micro-organismes, ainsi que la nécessité croissante d'une réglementation nationale et internationale, rendaient une étude sérieuse indispensable.
7. Au centre de la bioéthique se trouve le jugement éthique sur les trois domaines qui dominent le débat mené au niveau international, à savoir le marquage des produits d'alimentation d'un type nouveau, l'octroi de brevets à des inventions biotechnologiques et la sécurité biologique.

WORTSCHATZ

abbaubar	biodégradable
Abkoppelung (die)	ici : le retard
Auflage (die) – unter strengen Auflagen	l'obligation, à de strictes conditions
Ausbeutung (die)	l'exploitation
aus/schließen	exclure
Befruchtung (die)	la fécondation
begehren	convoiter
beliebig	quelconque
Durchbruch (der)	la percée, l'avancée
Einfuhr (die)	l'importation
Einpflanzung (die)	l'implantation
Einsatz (der)	la mise en place
Einschränkung (die)	la restriction
Entzifferung (die)	le déchiffrage
Erbgut (das)	le patrimoine
Erzeugung (die)	la production, la création
etwaig	éventuel
Forschung (die)	la recherche
Grundlagenforscher (der)	le chercheur en recherche fondamentale
in Gang setzen	mettre en marche
Gutdünken (nach)	volonté, à discrétion
Keimbahntherapie (die)	la thérapie germinale
Klonen (das)	le clonage
Kunststoff (der)	le produit synthétique
Landwirtschaft (die)	l'agriculture
langfristig	long terme
lasch	mou, nonchalant
leistungsfähig	efficace
Menschenwürde (die)	la dignité de l'homme
Rohstoff (der)	la matière première
Schölersch	selon le scientifique Schöler
Stammzelle (die)	la cellule souche
Stichtagsregelung (die)	l'échéance fixée
umstreiten	controverser
Umwälzung (die)	la révolution
unerhört	inouï
unterbieten	ici : soumettre
unterstreichen	souligner
unvertretbar	injustifiable
verabschieden	ici : adopter
Verfahren (das)	le procédé
Verfechter (der)	le défenseur
Verringerung (die)	la diminution
Versachlichung (die) der Diskussion	la discussion dépassionnée
versöhnen	réconcilier
vorausschauend	prévoyant
Vorstoß (der)	l'avancée
Zugriff (der)	l'accès
Zell-Versagen (das)	la dégénérescence des cellules

WICHTIGE DATEN

01.01.1991	Deutsches Embryonen-Schutzgesetz.
11.1999	Der Bonner Forscher Oliver Brüstle verwandelt embryonale Maus-**Stammzellen** in Hirnzellen; mit ihrer Hilfe heilt er nervengeschädigte Tiere.
02.05.2001	Bundeskanzler Schröder setzt den Nationalen Ethikrat ein.
02.05.2001	Empfehlungen der Deutschen Forschungsgemeinschaft zur Forschung mit menschlichen Stammzellen.
31.05.2001	Im Bundestag wird das Thema **Stammzellenforschung** ausführlich diskutiert.
12.11.2001	Zweiter Zwischenbericht der Enquete-Kommission „Recht und Ethik in der modernen Medizin". Die Kommission stellt zwei Voten zur Debatte: Ein Verbot des Imports embryonaler Stammzellen und die Zulassung unter strenger Kontrolle.
27.11.2001	Die Enquete Kommission „Recht und Ethik in der modernen Medizin" übergibt ihren umfassenden Bericht zur Stammzellenforschung an den Bundestagspräsidenten Wolfgang Thierse. Darin lehnt sie das therapeutische Klonen als möglichen Einstieg in das reproduktive **Klonen** ab.
29.11.2001	Der Nationale Ethikrat spricht seine Empfehlungen aus: Er empfiehlt, in den 3 Jahren nur solche Zellen zu Forschungszwecken einzuführen, die bei künstlichen **Befruchtungen** „übrig" geblieben sind.
26.02.2002	Die Enquete-Kommission des Bundestages spricht sich gegen eine Zulassung der Präimplantations-Diagnostik-kurz PID- aus. In ihren Empfehlungen wenden sich die Mitglieder des Gremiums gegen Untersuchungen des **Erbmaterials** von Kindern bereits vor Beginn der Schwangerschaft.
25.04.2002	Mit großer Mehrheit verabschiedet der Bundestag das Stammzellengesetz. Ein Import menschlicher embryonaler Stammzellen zu Forschungszwecken ist nur **unter strengsten Auflagen** zulässig.
01.07.2002	Das Stammzellengesetz tritt in Kraft.
18.12.2002	Erster Import von Stammzellen. Nach jahrelangem Streit kann in Deutschland nun mit Erlaubnis der Behörden umfangreich an menschlichen embryonalen Stammzellen geforscht werden.
20.02.2003	Der Bundestag spricht sich mit großer Mehrheit für ein weltweites und absolutes Klonverbot von menschlichen Embryonen aus.
29.10.2003	Justizministerin Zypries: Embryonenschutz-Vorstoß: Bundesministerin Zypries (SPD) rückt in einer vielbeachteten Rede von der bisherigen Position des Justizministeriums ab, im Reagenzglas erzeugten Embryonen den vollen Schutz der **Menschenwürde** zuzuerkennen.
19.11.2003	EU-Parlament für Stammzellenforschung.
13.09.2004	Der Nationale Ethikrat empfiehlt, das Klonen zu Forschungszwecken (therapeutisches Klonen) in Deutschland zum gegenwärtigen Zeitpunkt nicht zu erlauben.

ZUM NACHDENKEN

Pro und Kontra

☞ Pro
- Die Erwartungen der Medizin an die Stammzellen sind groß. Sie könnten abgestorbene Zellen ersetzen, etwa Herzmuskelzellen nach einem Herzinfarkt oder Gehirnzellen.
- Durch die Importregelung von Stammzellen hoffen die Wissenschaftler den Heilungsmöglichkeiten, wie etwa Parkinson, Alzheimer und Multiple Sklerose, ein Stück näher zu kommen.
- Adulte Stammzellen könnten das ethische Problem des Gebrauchs von Embryonen lösen.
- Warum darf ein künstlich gezeugter Embryo im Reagenzglas nicht untersucht werden, während dies im Mutterleib durch die vorgeburtliche Diagnostik erlaubt ist?
- Die PID könnte ermöglichen, auf ein besonderes Defekt beim Embryo hinzuweisen.
- Wir können ein besseres Wohlbefinden der Menschen fördern, wenn wir einige Krankheiten beseitigen.

☞ Kontra
- Adulte Stammzellen sind schwer zu erkennen und zu isolieren.
- Embryonale Stammzellen sind einerseits Bestandteile des Lebens, andererseits aber auch Handelsware.
- Absenkung ethischer Normen in den Bereichen Medizin und Biotechnologie.
- Bei der PID ließen sich Eizellen mit einer bestimmten genetischen Defekt aussondern: Soll das erlaubt werden?
- Wird die künstliche Schaffung von geklonten und transgenen Tieren das Ende der Natur bedeuten und ihre Ersetzung durch eine „bioindustrielle" Welt?
- Was werden die Folgen sein für die Weltwirtschaft und die Gesellschaft, wenn der globale Genpool zum patentierten Eigentum von einer Handvoll Biofirmen wird?
- Gentech-Lebensmittel sind vielleicht für die Gesundheit der Menschen gefährlich.
- Läuft man nicht die Gefahr, in einer Welt zu leben, wo Babys im Mutterleib überwacht und genetisch manipuliert werden, die Menschen auf der Basis ihrer Erbanlagen zu diskriminieren?
- Wird die Diskrepanz zwischen Industrienationen und Dritte Welt durch den Stammzellimport nicht verstärkt?

DEUTSCHLAND UND DIE OSTEUROPÄISCHEN LÄNDER
L'ALLEMAGNE ET LES PAYS D'EUROPE DE L'EST

FAKTEN

Der deutsche Raum ist nach Westen und Osten hin offen. Die Bundesrepublik Deutschland hat im Vergleich zu allen anderen Staaten Westeuropas die meisten Nachbarn. Deutschlands Beziehungen zu osteuropäischen Ländern sind eng mit der zentralen geographischen Lage des Landes und mit der Geschichte Mitteleuropas verbunden.

Die deutsche Westgrenze wurde verhältnismäßig früh festgelegt und blieb auch recht stabil. Die Ostgrenze hingegen war jahrhundertlang fließend. Um 900 verlief sie etwa an den Flüssen Elbe und Saale. In den folgenden Jahrhunderten wurde das deutsche Siedlungsgebiet weit nach Osten ausgedehnt. Im 10. Jahrhundert versuchten die Deutschen Ost- und Mitteleuropa zu erobern, um die Probleme der Überbevölkerung zu lösen. Im 12. Jahrhundert haben sich die deutschen **Ordensritter** im **Baltikum** angesiedelt, um die letzten Heiden Europas in Polen, Litauen, Lettland und Estland zu bekehren. Im 13. Jahrhundert lebten in Böhmen und in der Slowakei bedeutende deutsche Minderheiten. Diese Bewegung kam erst in der Mitte des 14. Jahrhunderts zum Stillstand.

Es darf nicht vergessen werden, dass die österreichisch-ungarische Monarchie Jahrhunderte eine große Rolle in der Verbindung zwischen Ost und West spielte: Zweideutige Beziehung Ungarns zu der deutschstämmigen Bevölkerung, besonderes Verhältnis zu der Tschechoslowakei, wo so viele deutschsprachige Schriftsteller oder Künstler zur deutschen Kultur beigetragen haben. Der Versailler Vertrag von 1919 hat lange Zeit die Beziehungen zwischen Deutschland und Polen verstört. Polen erhielt den größten Teil von Posen und Ostpreußen, der als Korridor zum Meer diente und infolgedessen Ostpreußen von Deutschland trennte. Außerdem hat die Politik des Nationalsozialismus in Polen zu einer schrecklichen Bilanz geführt: 2 460 000 Personen wurden zur Zwangsarbeit in Deutschland gezwungen. 6 Millionen Polen, darunter 3 200 000 Juden, starben. Der „Drang nach Osten" zur Zeit des Nationalsozialismus hat auch die Vertreibung verschiedener Bevölkerungen Mitteleuropas nach dem Zweiten Weltkrieg verursacht. 1950 lebten 160 000 Deutsche in Polen. 1988 lebten 943 000 Polen in der BRD und eine Million in der DDR.

Dann haben ein von 1949 bis 1989 getrenntes Deutschland und die Angehörigkeit der DDR zum Ostblock, die Ostpolitik sowie die Wiedervereinigung dazu beigetragen, dass Deutschland eine Schlüsselrolle in der Osterweiterung der Europäischen Union zukommt. Schon in den ersten Verträgen mit den mittel- und osteuropäischen Staaten nach dem Ende des Ost-West-Konflikts zu Beginn der neunziger Jahre hatte sich Deutschland für die Integration Polens und Tschechiens in die EG ausgesprochen. Deutschland ist von der Erweiterung besonders betroffen, da es als ökonomisch stärkstes und politisch sehr einflussreiches Mitglied der EU in direkter Nachbarschaft zu diesen zwei großen Ländern. Für Deutschland bieten ja die osteuropäischen Länder mit ihrer Einwohnerzahl von etwa 100 Millionen einen interessanten Markt, der schon vor der formellen Erweiterung zu einem hohen Zuwachs der Export geführt hat.

PRESSESPIEGEL

Ostdeutschland mit seiner schwachen Wirtschaftsstruktur und der horrenden Arbeitslosigkeit dürfte erst spät von der Erweiterung profitieren. Wenn die Grenzen fallen, werden Randzonen zu Brückenköpfen und Transitregionen. Erfahrungsgemäß profitieren diese **beträchtlich** vom Handel– allerdings nicht sofort.

Die Zeit

Jenseits der **Schlagzeilen** haben die deutsch-polnischen Beziehungen einen erstaunlichen Grad an Vertrautheit erreicht. Gerade die **Aufarbeitung** der Vertreibung der Deutschen ist in Polen weit **vorangeschritten** und das Interesse der Bevölkerung enorm. Deutsche und polnische Vertriebene einfach als **Opfer** totalitärer Regime gleichzusetzen wäre fatal. Während der „friedvollen" Kriegsjahre in Ostpreußen bis zum Herbst 1944 waren Vertreibungen und der **Besatzungs**terror in Polen fünf Jahre grausamer Alltag.

Die Zeit

Mit Hilfe der europäischen Rechtsprechung hoffen viele deutsche Alteigentümer, ihre einstigen **Ländereien** in Polen doch noch zurückzuerhalten. **Unverhohlen** gibt die **Treuhand** als Geschäftszweck die Rückgabe des „konfiszierten Eigentums" in „den Preußischen Provinzen" jenseits von **Oder und Neiße** an. Fast sechs Jahrzehnte nach Kriegsende stellen **Hardliner** und **Ewiggestrige** unter den **Vertriebenen** die Nachkriegsordnung infrage und wecken in Polen alte Ängste und Ressentiments.

Die Zeit

Offenbar hat die Befürchtung von Millionen Polen, wegen 60 Jahre alter Ansprüche ihr Wohnrecht in den eigenen Häusern zu verlieren, den Stimmungs**umschwung** bewirkt. Es bleibt zu hoffen, dass die polnische Regierung daran festhält, die Ansprüche beider Seiten für gegenstandslos zu halten. Im zusammenwachsenden Europa dürfen die fordernden Stimmen nicht **die Überhand gewinnen**.

Die Zeit

Die Osterweiterung begann mit der gewalttätigen Germanisierung der **Slawenstämme**, aber es blieb nicht bei blutigen **Unterwerfungen**. **Rodungen** und Städtebau, **Zuzügler** aus ganz Westeuropa, das technische Know-how von der **Egge** bis zur **Sense**, vom eisernen **Pflug** bis zur doppelten **Buchführung** – dieser ganze Transfer integrierte den Osten in die damalige Weltwirtschaft. Die große Welle der Christianisierung – auch sie von **Schwert** und Schrecken begleitet – brachte doch zugleich die Aufnahme in die sich erweiternde kulturelle Gemeinschaft.

Die Zeit

Im Zuge des **EU-Beitritts** am 1. Mai hat das Interesse für Polen und Polnisch bei den Deutschen gewaltig zugenommen. Vor allem in Grenzregionen sind Polnischkurse längst **ausgebucht**. Arbeitslose, die keine Chance mehr für sich auf dem **hiesigen** Arbeitsmarkt sehen, hoffen auf neue Perspektiven. [...] Achim Smit: „Viele Ältere betrachten Polen als Heimat ihrer **Vorfahren** und wollen das Land kennen lernen, andere haben dort ein Haus und fahren regelmäßig hin."

Welt am Sonntag

PRESSESPIEGEL

Die unmittelbaren Nachbarn Deutschland und Österreich sehen bereits ein Heer von billigen Arbeitern ins Land strömen und fürchten sich vor Lohn-und Sozialdumping. [...] Nach der jüngsten Umfrage der EU-Kommission vom Februar werden in den kommenden fünf Jahren kaum mehr als eine Million Arbeitsuchende aus den zehn neuen in die 15 alten EU-Länder drängen.

Die Zeit

Jana gehört zu mehr als 30 000 Tschechen, die längst ganz legal in Deutschland arbeiten. Zwar fürchten viele Deutsche, mit der EU-Erweiterung könnte die wahre **Einwanderungswelle** erst anrollen – wenn nicht jetzt, dann spätestens, sobald die **Übergangsregeln** auslaufen. Aber Jana ist wie viele ihrer Landsleute gar nicht **erpicht darauf**, dauerhaft nach Deutschland **überzusiedeln**. Sie betrachtet Deutschland eher als Durchgangsstation, um etwas Geld beiseite zu legen und ihr Fernstudium zu finanzieren.

Die Zeit

Werden die Polen in **Scharen** einwandern und zu Niedriglöhnen die raren Arbeitsplätze okkupieren? Muss der deutsche Steuerzahler für die Nachbarn im Osten bluten? Werden heimische Handwerker noch eine Chance haben gegen Billigkonkurrenz aus Ungarn oder Tschechien? Nach einer Umfrage des Münchner ifo-Instituts erkennt nur jeder dritte deutsche Manager in der Osterweiterung eine Chance, für fast 40 Prozent von ihnen dominieren die negativen **Auswirkungen**; der Rest weiß nicht, was er davon halten soll.

Die Zeit

Schon heute sind die Beitrittskandidaten zusammengenommen noch vor Frankreich und den Vereinigten Staaten der wichtigste Handelspartner der Bundesrepublik. Sowohl die Importe als auch die Exporte haben seit Beginn der neunziger Jahre kontinuierlich zugenommen. Seit 1993 hat sich der Wert der gehandelten Waren **verfünffacht**, wobei die Deutschen meist mehr exportierten als importierten. „*Made in Germany*" hat im Osten einen guten Klang, deutsche Autos und Maschinen sind **begehrt**.

Der Spiegel

POLENS PARLAMENT VERLANGT DEUTSCHE REPARATIONEN

Der bei einer **Enthaltung** einstimmig **verabschiedete** Text appelliert an die Bundesregierung, die **Unbegründetheit** möglicher **Eigentumsansprüche** deutscher Vertriebener anzuerkennen und deutsche Bürger mit solchen *Anliegen* nicht länger auf das *Einschlagen* des Rechtsweges zu verweisen. Die **Antragsteller** hoffen, Berlin werde „definitiv anerkennen", dass Deutschland für solche Ansprüche **aufkommen** müsse.

Die Zeit

DEUTSCHLAND UND DIE OSTEUROPÄISCHEN LÄNDER

THÈME

1. La proximité géographique, historique et culturelle est un facteur déterminant de la présence allemande en Europe centrale qui avait déjà permis à l'Allemagne de bâtir depuis longtemps avec ces pays des relations commerciales privilégiées.
2. Les difficultés que l'Allemagne a connues après la réunification pour intégrer les Länder orientaux de l'ancienne RDA ont provoqué en Allemagne déception et frustration.
3. Par de nombreuses associations et instances culturelles, les Allemands des Sudètes ont essayé de se rapprocher des Tchèques et de surmonter les douloureuses expériences communes.
4. En 1989, la Hongrie ouvrit aux citoyens de la RDA réfugiés en Hongrie sa frontière ouest, ce qui correspondait en fait à un traité secret passé avec Kohl et Genscher.
5. D'une manière générale, le voisinage d'une Allemagne forte et unifiée est pour les pays limitrophes un défi qu'ils devront relever par leurs capacités, leur vitalité, leur ténacité et leur imagination.
6. Dès mars 1992, le président slovaque se rendit en Saxe pour parler d'une coopération économique ainsi que de la possibilité d'embaucher des professeurs de russe saxons au chômage comme professeurs d'allemand en Slovaquie.
7. Dans la mesure où la solution du problème des expulsés au niveau des relations bilatérales germano-polonaises et germano-tchèques ne donne pas les résultats espérés, les politiques allemands penchent pour son règlement dans le cadre de l'ordre juridique de l'Union européenne.

VERSION

1. Aus ökonomischer Sicht wäre zu vermuten, dass die jüngsten Ost-West-Migrationen vor allem durch die großen Einkommens- und Wohlfahrtsunterschiede zwischen Deutschland und den osteuropäischen Staaten bedingt waren.
2. Der politische Umbruch in Osteuropa und die damit einhergehenden ökonomischen und politischen Krisensituationen ließen die Einwanderung aus osteuropäischen Staaten nach Deutschland zu Beginn der neunziger Jahre deutlich ansteigen.
3. Während in Deutschland die Aktivitäten der Treuhand bisher kaum bekannt geworden sind, sind sie in Polen landesweit ein diskutiertes Thema und haben zu einer spürbaren Verschlechterung der polnisch-deutschen Beziehung geführt.
4. Bereits im Umgang mit der oppositionellen Gewerkschaftsbewegung Solidarnocz und ihrer Rolle seit 1981 traten die Probleme westlicher Intellektueller mit einer überwiegend katholischen und antikommunistischen Bewegung deutlich zutage.
5. Ohne die Vertriebenen und ihre Nachfahren, die auf Spurensuche gehen, gäbe es wesentlich weniger Leben in den Alltagsbeziehungen zwischen Deutschen und Polen.
6. Überall in den ehemals deutschen Gebieten machen sich heutzutage Verunsicherung und Zorn breit, auch dort, wo Vertriebene und polnische Einwohner bisher harmonisch miteinander auskamen.
7. Zwar muss allein der Nettozahler Deutschland knapp neun Milliarden Euro für die Erweiterung zahlen, aber Ökonomen schätzen, dass die Geschäfte mit Polen, Ungarn, Tschechien und der Slowakei in Deutschland 77 000 Arbeitsplätze sichern.

1. Die geographische, geschichtliche und kulturelle Nachbarschaft ist in Mitteleuropa ein ausschlaggebenderFaktor, der Deutschland schon erlaubt hatte, seit langem mit diesen Ländern besondere Handelsbeziehungen anzuknüpfen.
2. Die Schwierigkeiten, die Deutschland nach der Wende erlebt hat, um die Ostländer der ehemaligen DDR zu integrieren, haben in Deutschland Enttäuschung und Frustration verursacht.
3. Mit zahlreichen Vereinen und kulturellen Instanzen haben die Sudetendeutschen versucht, den Tschechen näher zu kommen und die schmerzhaften gemeinsamen Erfahrungen zu überwinden.
4. 1989 öffnete Ungarn den in Ungarn geflüchteten DDR-Bürgern seine westliche Grenze, was eigentlich einer heimlichen Abmachung mit Kohl und Genscher entsprach.
5. Im allgemeinen ist die Nachbarschaft eines starken vereinigten Deutschlands für die Grenzländer eine Herausforderung, die sie dank ihren Fähigkeiten, ihrer Dynamik, ihrer Beharrlichkeit und ihrer Vorstellung annehmen müssen.
6. Bereits im März 1992 fuhr der slowakische Präsident nach Sachsen, um von einer wirtschaftlichen Zusammenarbeit zu sprechen, sowie auch von der Möglichkeit, arbeitslose sächsische Russischlehrer als Deutschlehrer in der Slowakei einzustellen.
7. In dem Maße wie die Lösung des Vertriebenenproblems auf der Ebene der bilateralen deutsch-polnischen und deutsch-tschechischen Beziehungen nicht zu den erhofften Ergebnissen führt, neigen die deutschen Politiker zu einer Regelung im Rahmen der Rechtsordnung der EU.

---

1. D'un point de vue économique on pourrait supposer que les plus récentes migrations est-ouest ont été essentiellement conditionnées par les grandes différences de revenus et de systèmes de protection sociale entre l'Allemagne et les états de l'Europe de l'Est.
2. Le bouleversement politique en Europe de l'Est et les crises politiques et économiques qui l'ont accompagné ont fait considérablement accroître l'immigration en provenance des États de l'Est de l'Europe vers l'Allemagne au début des années 1990.
3. Tandis qu'en Allemagne les activités de la Treuhand sont, jusqu'à présent, à peine connues, elles sont, en Pologne, un sujet dont on discute dans tout le pays et elles ont conduit à une sensible dégradation des rapports germano-polonais.
4. C'est déjà dans les relations avec le mouvement syndical d'opposition de Solidarnocz et avec son rôle depuis 1981 que sont apparus clairement les problèmes des intellectuels occidentaux avec un mouvement essentiellement catholique et anti-communiste.
5. Sans les expulsés et leurs descendants qui sont à la recherche de traces du passé, il y aurait considérablement moins de vie dans les relations quotidiennes entre l'Allemagne et la Pologne.
6. Partout dans les anciens territoires allemands se répandent le sentiment d'insécurité et la colère, même là où les réfugiés et les habitants polonais vivaient ensemble jusqu'alors en harmonie.
7. Certes, l'Allemagne va, à elle seule, payer en net un peu moins de neuf milliards d'euros pour l'élargissement de l'Europe, mais les économistes estiment que les affaires avec la Pologne, la Hongrie, la république Tchèque et la Slovaquie vont assurer en Allemagne 77 000 emplois.

WORTSCHATZ

Anliegen (das)	*la requête*
Antragsteller (der)	*l'auteur de la motion*
Ansiedlung (die)	*la colonisation*
Aufarbeitung (die)	*la mise à jour*
auf/kommen	*répondre de, prendre en charge*
ausgebucht	*complet*
Auswirkung (die)	*la conséquence*
Baltikum (das)	*les Pays baltes*
begehren	*convoiter*
Beitritt (der)	*l'adhésion*
Besatzung (die)	*l'occupation*
beträchtlich	*considérable, -ment*
Buchführung (die)	*la comptabilité*
Drang (der)	*la poussée*
Einwanderung (die)	*l'immigration*
Enthaltung (die)	*l'abstention*
Eroberung (die)	*la conquête*
erpicht auf	*avide de*
Ewiggestrige (der)	*le passéiste*
Hardliner (der)	*partisan de la ligne dure*
heimisch	*local*
hiesig	*local*
Ländereien (die)	*les biens ruraux*
Oder und Neiße	*les deux rivières constituant la frontière germano-polonaise*
Opfer (das)	*la victime*
Ordensritter (der)	*le chevalier d'un ordre*
Pflug (der)	*la charrue*
Rodung (die)	*l'essartement*
Schar (die)	*la foule, la horde*
Schlagzeile (die)	*le gros titre*
Schwert (das)	*l'épée*
Stamm (der)	*la tribu, la souche*
Übergangsregelung (die)	*le régime transitoire*
übersiedeln	*s'installer*
Umfrage (die)	*le sondage*
Unbegründetheit (die)	*le non-fondement*
Unterwerfung (die)	*la soumission*
unverhohlen	*ouvertement, franchement*
verabschieden	*ici : adopter*
verfünffachen	*quintupler*
Vertreibung (die)	*l'expulsion*
Vertriebene (der)	*le réfugié*
Vorfahr (der)	*l'ancêtre*
voranschreiten	*avancer*
zukommen	*revenir à*
Zuzügler (der)	*l'immigré supplémentaire*

WICHTIGE DATEN

1938	Annexion des Sudetenlandes
1945	Potsdamer Konferenz. Die Oder-Neiße-Linie gilt als Grenze zwischen Deutschland und Polen. Polen bekommt alle deutschen Gebiete, die sich östlich von der Oder-Neiße-Linie befanden, und dies von der Ostsee bis zum Süden.
1952	Das Lastenausgleichsgesetz regelt die Entschädigung für Heimatvertriebene und andere Kriegsgeschädigte.
08.1970	Die „neue Ostpolitik": Gewaltverzichts- und Grenzregelungsverträge mit der Sowjetunion und Polen. Die Oder-Neiße-Linie wird zur offiziellen Grenze.
01.12.1970	Unterzeichnung des Warschauer Vertrags. Die Unverletzlichkeit der bestehenden Grenze wird bekräftigt. Warschau und Bonn versichern, keine Gebietsansprüche gegeneinander zu haben und bekunden die Absicht, die Zusammenarbeit zwischen beiden Ländern zu verbessern.
14.12.1972	Unterzeichnung des deutsch-deutschen Grundlagenvertrags. Anerkennung de Unabhängigkeit und Selbständigkeit beider Staaten.
1973	Unterzeichnung des Prager Vertrags zwischen der Tschechoslowakei und der Bundesrepublik: Darin wird das Münchener Abkommen von 1938 „nach Maßgabe dieses Vertrages" als nichtig erkannt. Unverletzlichkeit der Grenzen und Gewaltverzicht.
17.06.1991	Deutsch-polnisches Abkommen. Deutschland verspricht Polen zu helfen, so schnell wie möglich der europäischen Union beitreten zu können.
09.1989	Ungarn öffnet seine Grenze für ausreisewillige DDR-Bürger.
22.04.1992	Deutsch-tschechischer Vertrag, der die Vertreibung der Sudetendeutschen anerkennt und eine mögliche Rückgabe ihrer Güter im Sudetenland erwähnt.

ZUM NACHDENKEN

Pro und Kontra

☞ Pro

- Die Osterweiterung ist eine wirtschaftliche Riesenchance für Deutschland: Kommunale Betriebe in Städten und Dörfern müssen in Polen zum Beispiel ihren Wasser, Abfallwirtschafts- und Energiemarkt auf den neuesten Stand bringen.
- Osteuropa ist die Wachstumsregion in Europa mit einem hohen Wirtschaftswachstum und stetig steigendem Produktions- und Absatzmarkt für westliche Unternehmen und Konzerne.
- Die Geschäfte mit den osteuropäischen Ländern sollen 77 000 Arbeitsplätze in Deutschland schaffen.
- Die deutsche Kultur hat den mittelosteuropäischen Ländern vieles zu verdanken.
- 68% der Deutschen begrüßen Ungarns EU-Zugang: Budapest und der Plattensee sind beliebte Reiseziele.

☞ Kontra

- Das deutsch-polnische Verhältnis ist noch stark von der Geschichte geprägt und Vorurteile über den großen Unbekannten im Osten sind weit verbreitet und eignen sich zum Stammtischspott.
- Das Problem der Entschädigungsforderungen deutscher Vertriebener ist noch nicht geregelt.
- Die neuen Bundesländer, die eine wirtschaftliche Krise erleben, befürchten die Konkurrenz der osteuropäischen Länder. Was wird durch die Osterweiterung aus den deutschen Krisenregionen?
- Wird der deutsche Markt mit Arbeitskräften aus dem Westen überschwemmt?
- Wie viele Zuwanderer werden erwartet?
- Sinken in Deutschland die Löhne?

DER BUNDESPRÄSIDENT
LE RÔLE DU PRÉSIDENT

FAKTEN

Am 23. Mai 2004 wählte die 12. **Bundesversammlung** auf 5 Jahre Horst Köhler im Berliner Reichstag zum 9. Bundespräsidenten der Bundesrepublik Deutschland. Bestehend aus den Mitgliedern des Bundestages und Vertretern aus den Bundesländern kam somit die Bundesversammlung ihrer einzigen Berufung nach.

„Das Amt des Bundespräsidenten ist das höchste Amt im Staate." Laut Grundgesetz vertritt der Bundespräsident die Bundesrepublik **völkerrechtlich**.

Zu seinen wichtigen, inneren Aufgaben gehören die **Ernennung** und die **Entlassung** des Bundeskanzlers, sowie der Vorschlag des Bundeskanzlers für die Wahl im Bundestag. Ferner tritt ein **Gesetz** nur in **Kraft**, wenn die Ausfertigung durch den Bundespräsidenten und die Verkündigung erfolgt sind. Daraus ergibt sich das Recht des Bundespräsidenten auf Prüfung der **Verfassungsmäßigkeit** aller zu unterzeichnenden Gesetze. Außerdem übt er die Entlassung und die Ernennung der Bundesbeamten, der Offiziere und Unteroffiziere aus. In noch nie eingetretenen Krisensituationen hat der Bundespräsident auch die Aufgabe, den **Verteidigungsfall** (Kriegszustand) auszurufen (**falls** der Bundestag und der Bundesrat nicht zusammenkommen konnten).

Aber neben diesen **verfassungsmäßigen** politischen Aufgaben gehören auch Grundsatzreden, Besuche und Ehrungen zu seinen sichtbaren Aufgaben und Wirkungen im In- und Ausland. In diesem Sinne pflegt der Bundespräsident auch zu den vier Verfassungsorganen (zum Bundestag, zum Bundesrat, zur Bundesregierung und zum Bundesverfassungsgericht) ständigen Kontakt, was ihm ermöglicht, seine politischen und gesellschaftlichen Aufgaben in genauer Sachkenntnis zu bewältigen.

So lädt der Bundespräsident regelmäßig **Abgeordnete** und **Ausschüsse** des Bundestages ein, um Informationen zu politischen Abläufen zu bekommen. Umso wichtiger für ihn, da es ihm obliegt, dem Bundestag einen Bundeskanzler vorzuschlagen, den Bundestag **einzuberufen** oder ihn sogar **aufzulösen**.

Der Präsident des Bundesrates ist in Abwesenheit des Bundespräsidenten sein **Stellvertreter**, was ein besonderes Verhältnis zum Bundesrat darstellt. Aber auch mit der Bundesregierung bestehen vielerlei Kontakte. So müssen beispielsweise **Anordnungen** und **Verfügungen** des Bundespräsidenten vom Kanzler oder einem **zuständigen** Minister gegengezeichnet werden. Der Kanzler **unterrichtet** den Präsidenten regelmäßig über seine Politik in vertraulichen Gesprächen, die der Präsident auch mit anderen Regierungsmitgliedern oder Gästen regelmäßig führt. Außerdem erhält der Präsident mit einer Vertrauensperson in jeder Sitzung des Regierungskabinetts wichtige Informationen über die Regierungsarbeit.

Schließlich erhalten die Verfassungsrichter ihre Ernennungs- und Entlassungsurkunden aus den Händen des Präsidenten, über dessen Handeln sie juristisch urteilen können.

Überparteilich, unparteiisch und „ohne Macht", aber auf der Suche, diese engen Grenzen hinauszuschieben, hat jeder Präsident seinen Amtsstil geprägt.

PRESSESPIEGEL

RAUS ABSCHIED

Johannes Raus Abschied als Bundespräsident bietet noch einmal **Gelegenheit** zum Abschied von der Bonner Republik, vielleicht zum letzten Mal. Als einziger in den vordersten Führungsriegen von Staat und Politik gehörte Rau noch ganz der Zeit vor 1989 an und repräsentierte das bundesdeutscheste aller Bundesländer, Nordrhein-Westfalen.

Die Zeit

Was macht ein Bundespräsident eigentlich? Er repräsentiert, hält Reden, hängt Orden um oder reist ins Ausland, wo er dann repräsentiert, Reden hält und Orden umgehängt bekommt. Das sind die sichtbaren Aktivitäten, ebenso wichtig sind die diskreten. So **steuert** der höchste Mann im **Staate** die Geschicke der Republik mit. Es zählt dann nicht mehr das Amt, sondern nur noch das spezifische Gewicht des Präsidenten, seine Persönlichkeit, seine Erfahrung, sein Charisma, seine Beschlagenheit.

Die Zeit

Wahrscheinlich endete das alte Deutschland irgendwann am späten Dienstagabend, zwischen zehn und halb elf. Ein paar Herren von der Bundeswehr machten Musik, sie spielten den Choral „Jesus bleibt meine Freude" von Johann Sebastian Bach, sie trugen dabei einen Helm auf dem Kopf, und dann schritt Johannes Rau durch den dunklen Garten von Schloss Bellevue. Irgendwann konnte man ihn nicht mehr sehen.

Der Spiegel

ABGEORDNETENHAUS BENENNT VERTRETER FÜR BUNDESPRÄSIDENTENWAHL

Das Berliner Abgeordnetenhaus hat gestern die 24 Berliner Wahlmänner und -frauen für die Wahl des Bundespräsidenten bestimmt. Sie sollen am 23. Mai mitentscheiden, wer ins **Schloss Bellevue** einzieht. Die 12. Bundesversammlung besteht aus 603 Mitgliedern des Bundestages und 603 Ländervertretern.

Die Welt

HORST KÖHLER ZUM BUNDESPRÄSIDENTEN GEWÄHLT

Nach **Auszählung** der Stimmen aus dem ersten Wahlgang der Bundesversammlung verkündete Bundestagspräsident Wolfgang Thierse das **Abstimmungsergebnis**: Der Kandidat der **Union**, Horst Köhler, erhielt demnach 604 von 1204 Stimmen. Für die absolute **Mehrheit** waren 603 Stimmen erforderlich. Für Gesine Schwan entfielen 589 Stimmen. Zwei Wahlzettel waren ungültig, neun Wahlleute **enthielten sich**.

Die Welt

KÖHLER WILL NICHT ALLE GESETZE UNTERZEICHNEN

Der künftige Bundespräsident Köhler hat angekündigt, sich verstärkt in die aktuelle Politik **einschalten** zu wollen. „Grundsätzlich werde ich alles im Rahmen des Grundgesetzes Mögliche tun, um Deutschlands Nutzen zu mehren. Das ist für mich der entscheidende Maßstab."

Münchner Merkur

PRESSESPIEGEL

Ein unkonventioneller Bundespräsident

Familienpolitik, Föderalismus, Flugsicherheit – Bundespräsident Köhler mischt sich ein. Wenige kennen ihn so gut wie Ex-Bundesfinanzminister Theo Waigel (CSU), dessen Staatssekretär Köhler von 1990 bis 1993 war. Er beschreibt den Bundespräsidenten als einen Menschen, der konkret Dinge anpackt und in großen Zusammenhängen denkt, aber ungeduldig werden kann, wenn Defizite nicht geändert werden.

http://www.heute.de/ZDFheute

Köhler provoziert mit Merkel-Rede

Köhlers Rede ist ein Novum in der Geschichte der Bundesrepublik. Selten hat ein Bundespräsident sich mit so konkreten Aussagen in eine aktuelle politische Debatte eingemischt – auch Roman Herzog nicht, dessen „Ruckrede" von 1997 immer zum Vergleich herangezogen wird. Zwar las Köhler der gesamten politischen Klasse in Berlin die Leviten, machte sich aber vor allem konkrete Forderungen der Union zu Eigen.

Der Stern

Glanz und Gloria im Reichstag

Die Gästeliste könnte kaum erlesener sein: Karl-Heinz Rummenigge, Michael Stich, Jette Joop, Fürstin Gloria von Thurn und Taxis, Theo Waigel, Ottfried Fischer, Claudia Pechstein, Friede Springer, Hans-Dietrich Genscher. Als prominente Vertreter des Volkes werden die VIP's bei der Wahl des Bundespräsidenten mit ihrer Stimme an einem Stück Geschichte mitwirken.

Münchner Merkur

Deutschland diskutiert: Zu viel Geld für den Osten?

Nach zunächst heftigem **Widerspruch** stößt Bundespräsident Horst Köhler mit seinen Äußerungen über die Angleichung der Lebensverhältnisse in Deutschland inzwischen auf deutliche Zustimmung. Zahlreiche Politiker, Experten und Wirtschaftsvertreter stellten sich hinter Köhlers Aussagen, der damit eine Grundsatzdebatte darüber auslöste, wie in Deutschland **Fördergelder** verteilt werden sollen.

Hamburger Abendblatt

Thierse gegen Direktwahl

Thierse wandte sich in seiner Eröffnungsrede gegen eine Direktwahl des Bundespräsidenten. Eine **Abkehr** von der bisherigen Praxis hätte zwangsläufig auch Auswirkungen etwa auf Amtsvollmachten des Staatsoberhaupts.

Die Welt

Köhler will sein Amt bis an die Grenzen, welche die Verfassung ihm setzt, ausreizen und Politik gestalten. Man kann sich auf eine eher unkonventionelle Präsidentschaft einrichten, im In- und Ausland.

Der Spiegel

THÈME

1. La 12ᵉ Assemblée fédérale est composée de 1 206 membres dont 603 députés du Bundestag et 603 membres envoyés par les Parlements régionaux. Elle seule a pour vocation d'élire le président de la République fédérale.
2. Car les Allemands n'élisent pas leur président au suffrage universel contrairement à la France ou aux États-Unis ; un tel mode de scrutin n'a pas été inscrit dans la Loi fondamentale après les expériences sous la République de Weimar.
3. Parmi les membres envoyés par les Parlements régionaux, on compte également diverses personnalités au sein de l'Assemblée fédérale. Ils élisent, aux côtés des députés régionaux et nationaux, le futur président.
4. Depuis quelques années, il est de tradition dans les partis politiques d'envoyer des personnalités à Berlin dans le but d'insuffler ainsi à l'élection une proximité avec les citoyens ; leur désignation est toujours accompagnée d'un fort intérêt médiatique.
5. Certes, une campagne électorale, préalable au vote à l'Assemblée fédérale, n'existe pas ; mais en général, les deux candidats montrent avant l'élection une activité accélérée et on les voit plus souvent dans les journaux et à la télévision.
6. C'est ainsi que les deux candidats à la présidence peuvent exposer leurs positions et montrer aux membres de l'Assemblée quel Président ils pourraient avoir.

VERSION

1. Präsident Horst Köhler ruft zum „Aufbruch in eine Ära der Erneuerung" auf und will **Vermittler** zwischen Volk und Regierenden sein. Ebenso kündigt er an, sich verstärkt in die Politik **einzumischen**.
2. Allerdings stehen die Grenzen seiner politischen Kompetenzen im Grundgesetz und dennoch überrascht er seit seinem Amtsantritt mit auffällig **tagespolitischen** Reden, was ein Novum in der Deutschen Nachkriegsgeschichte darstellt.
3. Daher dienen dem Präsidenten seine Besuche und Treffen, sich in allen Bereichen der Politik, vor allem **im Vorfeld** über ein zu unterschreibendes Gesetz, zu informieren.
4. Gleichzeitig wacht er über das Grundgesetz, und will keine undurchsichtigen Interpretationen zulassen, wie zum Beispiel das **Misstrauensvotum** vom 1. Juli im Bundestag. Er gab sich die gesetzlichen 21 Tage Prüfungszeit, bevor er Neuwahlen festsetzte.
5. Ganz besonderes **Augenmerk** legt der Bundespräsident deshalb auf den Respekt gegenüber dem Amt; so musste der Kanzler seine Entscheidung **bezüglich** des National-feiertags zurücknehmen, da er nach der Kernkompetenz des Staatsoberhauptes, die Staatssymbole, gegriffen hatte.
6. Für Horst Köhler gibt es Regeln, an die man sich zu halten hat und die Verfassung gehört dazu. Er warnt davor, ihn als „besseren Unterschriften-Automaten" zu sehen. Diesen neuen Stil meint er wohl, wenn er sagt, nicht „bequem" sein zu wollen.

1. Die 12. Bundesversammlung besteht aus 1206 Wahlmännern, darunter 603 Bundestagsabgeordnete und 603 entsandte Delegierte aus den Ländern. Sie allein ist berufen, den Präsidenten der Bundesrepublik zu wählen.
2. Denn die Deutschen bestimmen ihren Präsidenten nicht in einer Direktwahl im Gegensatz zu Frankreich oder den Vereinigten Staaten; ein solches Wahlsystem, nach den Erfahrungen der Weimarer Republik, ist nicht ins Grundgesetz aufgenommen worden.
3. Unter den entsandten Mitgliedern aus den Ländern befinden sich auch verschiedene Prominente in der Bundesversammlung. Sie wählen neben den Landtags– und Bundestagsabgeordneten den zukünftigen Präsidenten.
4. Traditionsgemäß schicken die Parteien seit einigen Jahren Prominente nach Berlin, um somit der Wahl das Gefühl der Bürgernähe zu geben; ihre Ernennung geht stets mit großem Medieninteresse einher.
5. Der Bundesversammlung geht zwar kein Wahlkampf voraus, aber in der Regel zeigen die beiden Kandidaten vor der Wahl immer mehr Betriebsamkeit und man sieht sie häufiger in Zeitungen und im Fernsehen.
6. So können die beiden Präsidentschaftsanwärter ihren Standpunkt darlegen und den Wahlmännern der Bundesversammlung zeigen, welchen Präsidenten sie haben könnten.

---

1. Le président Horst Köhler appelle à „prendre le départ vers une ère de renouvellement" et souhaite servir de médiateur entre le peuple et les dirigeants politiques. De même, il fait savoir qu'il compte s'ingérer davantage dans les affaires politiques.
2. Toutefois, la Loi fondamentale mentionne les limites de ses compétences politiques; et pourtant, depuis sa prise de fonction, il surprend avec des allocutions empruntées à la politique au quotidien, ce qui est une nouveauté dans l'Histoire allemande de l'après-guerre.
3. C'est pourquoi les visites et rencontres permettent au président de s'informer dans tous les domaines de la politique, notamment en amont d'une loi à contresigner.
4. En même temps, il veille sur la Loi fondamentale et ne veut pas tolérer des interprétations obscures comme par exemple le vote de défiance le 1er juillet au Bundestag. Il a pris le temps légal de 21 jours d'examen avant de fixer de nouvelles élections.
5. De ce fait, le président prête une attention toute particulière à ce que l'on respecte la fonction ; c'est ainsi que le chancelier a dû retirer sa décision concernant la Fête nationale, car il s'était emparé de la compétence même du président : les symboles de l'État.
6. Pour Horst Köhler, il y a des règles qui doivent être respectées et la Constitution en fait partie. Il met en garde de le considérer comme une „machine améliorée à contresigner". C'est ce nouveau style qu'il entend sans doute quand il dit ne pas vouloir être „commode".

WORTSCHATZ

Abgeordnete (der)	le député
Abkehr (die)	l'abandon
Abstimmungsergebnis (das)	le résultat du scrutin
Anordnung (die)	la directive
auf/lösen	dissoudre
Augenmerk (das)	l'attention
Ausschuss(¨e) (der)	la commission (parlementaire)
Auszählung (die)	le dépouillement (du scrutin)
bezüglich (+ G)	concernant
Bundesversammlung (die)	l'Assemblée fédérale
ein/berufen	convoquer (le parlement)
sich ein/mischen in (+ A)	s'immiscer, s'ingérer
sich ein/schalten in (+ A)	intervenir
sich enthalten	s'abstenir
Entlassung (die)	la démission
erlesen	de choix
Ernennung (die)	la nomination / la titularisation
falls	au cas où
Fördergelder (pl.)	les subventions
Gelegenheit bieten	donner l'occasion à
Gesetz (das)	la loi
im Vorfeld	en amont / au préalable
in Kraft treten	entrer en vigueur
Mehrheit (die)	la majorité
Misstrauensvotum (das)	le vote de défiance
Schloss Bellevue	la résidence présidentielle
Staat (der)	l'État
Stellvertreter (der)	le représentant
steuern	diriger
tagespolitisch	de la politique au quotidien
Union (die)	les partis CDU et CSU
unterrichten	informer
verfassungsmäßig	conforme à la constitution / constitutionnel
Verfassungsmäßigkeit (die)	la constitutionnalité
Verfügung (die)	le décret
Vermittler (der)	le médiateur
Verteidigungsfall (der)	l'état de défense
völkerrechtlich	de droit international
Widerspruch (der)	protestations / contestations
zuständig für	compétent

WICHTIGE DATEN

Chronologie der deutschen Bundespräsidenten

1. Bundesversammlung	Bonn	12. September 1949	Theodor Heuss (2. Wahlgang)
2. Bundesversammlung	Berlin	17. Juli 1954	Theodor Heuss (1. Wahlgang)
3. Bundesversammlung	Berlin	3. Juli 1959	Heinrich Lübke (2. Wahlgang)
4. Bundesversammlung	Berlin	1. Juli 1964	Heinrich Lübke (1. Wahlgang)
5. Bundesversammlung	Berlin	5. März 1969	Gustav Heinemann (3. Wahlgang)
6. Bundesversammlung	Bonn	15. Mai 1974	Walter Scheel (1. Wahlgang)
7. Bundesversammlung	Bonn	23. Mai 1979	Karl Carstens (1. Wahlgang)
8. Bundesversammlung	Bonn	23. Mai 1984	Richard von Weizsäcker (1. Wahlgang)
9. Bundesversammlung	Bonn	23. Mai 1989	Richard von Weizsäcker (1. Wahlgang)
10. Bundesversammlung	Berlin	23. Mai 1994	Roman Herzog (3. Wahlgang)
11. Bundesversammlung	Berlin	23. Mai 1999	Johannes Rau (2. Wahlgang)
12. Bundesversammlung	Berlin	23. Mai 2004	Horst Köhler (1. Wahlgang)

Mitglieder der 12. Bundesversammlung

	Bundestag	Länderdelegierte	Gesamt
CDU/CSU	247	292	539
SPD	250	209	459
FDP	47	36	83
GRÜNE	55	35	90
PDS	2	29	31
Sonstige	1	2	3
Gesamt	602	603	1 205

Quelle: http://www.bundestag.de

Wahlergebnis der 12. Bundesversammlung (23.05.2004)

Wahlgang 1.	
abgegebene Stimmen: 1 204	gültige Stimmen: 1 202
ungültig: 2	Prof. Dr. Gesine Schwan 589
Enthaltungen: 9	Prof. Dr. Horst Köhler 604

Quelle: http://www.bundestag.de

ZUM NACHDENKEN

- Bei jeder neuen Bundesversammlung werden Stimmen laut, die fordern, den Bundespräsidenten in Direktwahl vom Volk wählen zu lassen und somit die Bundesversammlung und das indirekte Wahlverfahren abzuschaffen.
- „Roman Herzog, ehemaliger Bundespräsident von 1994 bis 1999, hat in seinem Buch geschrieben, dass die beiden Präsidenten Clinton und Mitterrand ihn, Roman Herzog, um sein Amt beneidet hätten, weil er keine Entscheidungen zu treffen habe."
- Das Amt des Bundespräsidenten ist das höchste Amt im Staate, aber nicht das mächtigste Amt.
- „Im Grundgesetz sind die Grenzen der politischen Macht des Bundespräsidenten nachzulesen. Aber seine „geheime Macht" steht dort nicht."
- „Das Amt des Bundespräsidenten ist keine „vierte Gewalt" neben Parlament, Regierung und Justiz. Er vertritt und verkörpert die übergeordneten Interessen von Staat und Gesellschaft."
- Nach den Irrungen der Weimarer Republik sollte sich das Amt des Bundespräsidenten, nach dem Willen der Verfassungsväter, auf die Rolle des Hüters und des Gewissens beschränken.
- Aber sollte ein Bundespräsident nicht auch, wenn es die Situation erfordern sollte, das tagespolitische Geschäft erörtern oder gar schlichten können?

DIE KRISE DES DEUTSCHEN SCHULWESENS
LA CRISE DU SYSTÈME SCOLAIRE ALLEMAND

FAKTEN

Im Gegensatz zu Frankreich ist das deutsche Schulsystem nicht zentral geregelt, sondern fällt in die **Zuständigkeit** der Bundesländer. So gibt es manchmal erhebliche Bildungsunterschiede zwischen den einzelnen Ländern, obwohl die 1949 ins Leben gerufene „ständige Konferenz der Kultusminister der Länder" für eine gewisse Harmonisierung der Lehrpläne und Bildungsinhalte sorgt.

Die meisten deutschen Schüler werden erst mit sechs Jahren **eingeschult**, da es keine „*Écoles maternelles*" gibt, sondern nur private und **kostenpflichtige** Kindergärten. Schon nach der vierjährigen Grundschule werden sie je nach **Leistung** und künftigem Berufswunsch in eine der drei weiterführenden Schulen orientiert: Hauptschule, Realschule und Gymnasium. Die Hauptschule bereitet unmittelbar auf das Berufsleben vor. Sie wird heute nur noch von etwa 30% der Schüler besucht. Die Realschule, die von 40% der Schüler besucht wird und mit der zehnten Klasse abschließt, erlaubt eine mittlere **Laufbahn** in Wirtschaft und Verwaltung. Das Gymnasium wird von immer mehr Schülern gewählt (zur Zeit etwa 40%). Es bietet ihnen die Möglichkeit, nach bestandenem Abitur an Universitäten und Hochschulen zu studieren. In einigen Bundesländern findet man noch eine vierte Schulform: die **Gesamtschule**, die alle drei Schultypen unter einem Dach verbindet. Als Alternative zum dreigliedrigen Schulsystem sollte die **Gesamtschule**, die in den 70er Jahren vor allem in den SPD-regierten Bundesländern eingeführt wurde, durch Besuch der gleichen Schule allen Schülern die **Chancengleichheit** garantieren.

Nun steckt das jahrzehntelang im Ausland sehr bewunderte Schulwesen in einer tiefen Krise. Ganz im Gegensatz zu der traditionellen Meinung, Deutschland sei ein Bildungsland auf hohem Niveau, hat sich mit der Ende 2001 veröffentlichten Vergleichsstudie PISA herausgestellt, dass die deutschen Schüler international nur noch **Mittelmaß** sind. Auch das im Ausland als **vorbildlich** betrachtete deutsche „**duale System**" (praktische Ausbildung in einem Betrieb + theoretische Ausbildung in einer Berufsschule) funktioniert nicht mehr so gut wie früher. Das ist zum einen auf den auf europäischer Ebene zu verzeichnenden Trend zurückzuführen, das Abitur als Normal**abschluss** zu betrachten, aber auch auf die mangelnde **Bereitschaft** der Unternehmer, **Fachkräfte** auszubilden, so dass viele junge Leute ohne **Lehrstelle** bleiben, besonders in den neuen Bundesländern. Schließlich hat die „**Gesamtschule**" die in sie gesetzten Hoffnungen nicht erfüllt. Anstatt die schwächeren Schüler zu **fördern**, scheint sie vor allem die stärkeren nach unten nivelliert zu haben und zum **Auffangbecken** für Problemkinder verkommen zu sein.

Über den **Ausweg** aus der Krise herrscht aber keine Einigkeit. Am dreigliedrigen Schulsystem soll vorerst nichts geändert werden, aber die im internationalen Vergleich späte Einschulung der deutschen Kinder sowie die frühe **Auslese** am Ende der Grundschule erscheinen manchen Schulexperten als problematisch. Andere **erwägen** die Einführung von Ganztagsschulen oder von allgemeinen Bildungsstandards in allen Bundesländern.

PRESSESPIEGEL

Im eigenen Land gilt der Exportschlager „duales System" immer weniger. Vor allem große Betriebe haben ihre Kapazitäten enorm **abgebaut**. Grund zur Klage gibt aber auch die Situation an den Berufsschulen. Zu wenig und zu alte Lehrer, **Stundenausfall**, zuwenig Kontakte zwischen Betrieb und Berufsschule. Immer mehr Betriebe fragen sich deshalb: „Wozu brauche ich eigentlich noch die Schule?"

Die Zeit

Mit diesen katastrophalen Ergebnissen hatten selbst Schulkritiker in Deutschland nicht gerechnet. In allen Bereichen – Lesen, Mathematik und Naturwissenschaften – liegen die **Leistungen** der deutschen Schüler unter dem europäischen **Durchschnitt**. Im Lesen **landeten** sie sogar im unteren Drittel, zusammen mit Russland, Rumänien und Brasilien. **Spitzenplätze** erreichten Finnland, Kanada und Neuseeland.

Der Tagesspiegel

Wer in Familie und Kindergarten kaum deutsch spricht, erwischt bereits in der Grundschule einen schlechten Start. Die Schwächen der deutschen Schule **wirken sich** auf Migrantenkinder mit besonderer Härte **aus**. Mehr noch als deutsche Kinder brauchten sie eine frühe Förderung im Kindergarten und eine möglichst lange Grundschulzeit. Sie benötigen Schulen, die Kinder individuell **fördern**, und Lehrer, die sicher **einschätzen** können, ob schlechte Leitungen an fehlender Intelligenz oder an schlechten Deutschkenntnissen liegen.

Die Zeit

Fast 100 000 Schüler, zehn Prozent jedes **Jahrgangs**, verlassen die Schule ohne **Abschluss**. Laut Pisa haben zudem mehr als 200 000 Schüler jedes Jahrgangs schwere Lese- und Schreibprobleme. Jenseits der Statistik berichten Hauptschulpädagogen von Gleichgültigkeit, Gewalttätigkeit, Verzweiflung. Arbeitgeber führen seit Jahren die Klage, viele junge Leute seien nicht „ausbildungsfähig". Die Unternehmen ziehen Konsequenzen: nur ein Drittel aller Betriebe nimmt überhaupt **Lehrlinge** an.

Die Zeit

Besonders schwer haben es offensichtlich Kinder aus Zuwandererfamilien. Schulforscher **mahnen** allerdings schon seit Jahren, dass für mehrsprachige Kinder geeignete Lehrmethoden entwickelt werden müssen. Das typische Einwanderungsland Australien erzielt erheblich bessere Ergebnisse bei der **Sprachförderung**, ebenso die skandinavischen Staaten. Generell hängt der Schulerfolg in Deutschland noch viel stärker von der sozialen **Herkunft** ab als in anderen Ländern.

Der Tagesspiegel

PRESSESPIEGEL

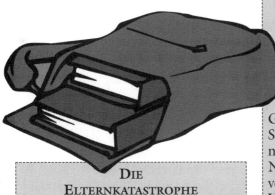

SIND DIE LEHRER FAULE SÄCKE?

Die Lehrer sind schuld. Lehrer lassen ständig den Unterricht ausfallen, sind zu alt, erreichen die Schüler nicht mehr, haben am meisten Ferien. Kurzum: „Lehrer sind faule Säcke." Dieses Urteil hatte Gerhard Schröder einmal einer Schülerzeitung anvertraut, als er noch Ministerpräsident von Niedersachsen war. Die kürzlich veröffentlichte internationale Schüler Vergleichsstudie Pisa hat die Lehrer-Verachtung noch **angefacht**.

Die Woche

DIE ELTERNKATASTROPHE

Der Deutsche **Lehrerverband** hat sich in der vergangenen Woche mit einem drängenden Appell an die Eltern gewandt: „Bildungsoffensiven", heißt es darin, sind nur denkbar, wenn sie von den Eltern zu Hause mitgetragen werden. Die Ganztagsschule kann für **benachteiligte** Kinder eine Verbesserung der häuslichen Situation darstellen; sie ist für manche eine ökonomische Notwendigkeit, für viele nur mehr Annehmlichkeit. Keine Schule kann das Elternhaus ersetzen, wo Wissens-und Charakterbildung beginnen.

Die Zeit

Die **Lehranstalten** brauchen mehr Freiheit. Jede Schule sollte selbst entscheiden können: welche Lehrer wollen wir einstellen? Für was geben wir unser Geld aus, ist eine **Aula** oder ein neuer Computerraum wichtiger? Unterrichten wir im 45-Minuten-Takt oder nicht? Nur die Schulleitung oder die Lehrer können entscheiden, was vor Ort wichtiger ist, nicht die Schulaufsicht, nicht das Ministerium.

Der Spiegel

Die Schulmisere ist allgemein. Aber sie **tritt** an der **Gesamtschule** besonders deulich **zutage**: früher kamen Kinder aus sozial **benachteiligten** Schichten gar nicht erst in die höheren Schulen hinein; heute kommen sie zwar dorthin, aber darin nicht voran. Die Schulpolitik muss also einen neuen Anlauf zur Reform wagen, diesmal ohne die Absicht, gleich ein ganzes System oder die Gesellschaft verändern zu wollen. Vielmehr muss in mühsamer Kleinarbeit Schule für Schule, Schultyp für Schultyp saniert werden.

Die Zeit

Um junge Menschen auf das Leben vorzubereiten, darf die Schule kein isolierter **Schonraum** sein. Stattdessen muss sie mit Nachbarn, Sportvereinen, der Stadtbibliothek, Unternehmen, den Kirchen oder auch Künstlern zusammenarbeiten. Die individuelle **Förderung** der Schüler kostet aber Geld. In Deutschland ist man noch nicht so weit. Die meisten erfolgreichen Pisa-Länder haben in den vergangenen Jahren in die Bildung große Summen investiert. Deutschland hat seinen **Etat** in den letzten Jahren dagegen kaum erhöht.

Der Spiegel

THÈME

1. L'étude PISA a déclenché une véritable onde de choc dans la société allemande. En effet, elle a montré que près d'un quart des élèves allemands ne savaient pas lire et écrire correctement.
2. Le système scolaire allemand fonctionne mal, car il n'y a pas de véritable égalité des chances. Les enfants issus de familles aisées ont quatre fois plus de chance d'avoir leur Bac que les enfants issus de familles socialement défavorisées.
3. Les jardins d'enfants sont non seulement chers, mais aussi très médiocres, car on n'y apprend pas grand-chose. En outre, beaucoup de spécialistes de l'éducation considèrent que l'école primaire devrait durer plus longtemps.
4. De plus en plus de jeunes préfèrent aller au lycée et faire des études plutôt que d'entrer à 18 ans dans la vie professionnelle. C'est une des raisons pour lesquelles le système allemand de formation par alternance est aujourd'hui en crise.
5. Il y a de trop grandes différences entre les Länder. Cependant, personne n'envisage de remettre en cause le fédéralisme.
6. Les écoles intégrées, créées dans les années 1970, devraient être aménagées si l'on veut améliorer leur image de marque, qui s'est beaucoup dégradée ces dernières années.
7. L'Allemagne a désormais pris conscience des inconvénients de l'école à mi-temps qui empêche beaucoup de mères de famille d'exercer une activité professionnelle.
8. L'école à plein-temps est donc devenue l'un des principaux objectifs du syndicat des enseignants allemands, qui rappelle que l'Allemagne ne consacre que 0,4% de son PIB à l'Éducation, contre une moyenne internationale de 1%.

VERSION

1. Da in Deutschland das Bildungswesen in die Zuständigkeit der Länder fällt, ist es dort schwieriger als in Frankreich, eine Bildungsreform von oben durchzusetzen.
2. Dennoch ist sich nach der Veröffentlichung der katastrophalen Pisa-Ergebnisse heute jedermann in Deutschland der Notwendigkeit tiefgreifender Änderungen im Schulwesen bewusst geworden.
3. Das hergebrachte dreigliedrige Schulsystem, das die Reformer der frühen siebziger Jahre überwinden wollten, sorgt für eine frühe Auslese zwischen leistungsschwächeren und leistungsstärkeren Schülern, wie sie in kaum einem anderen europäischen Land anzutreffen ist.
4. Das schlechte Abschneiden der deutschen Schüler im Lesen und Schreiben ist auch darauf zurückzuführen, dass an den deutschen Schulen zu wenig gelesen wird.
5. Neben dem starren Schulsystem und dem Versagen des Elternhauses werden die Lehrer am häufigsten für den miesen Leistungsstand deutscher 15-Jähriger verantwortlich gemacht.
6. Nachdem die Ganztagsschule jahrzehntelang verpönt wurde, weil sie nicht zum Bild der klassischen deutschen Familie passte, in der die Mutter ihre Kinder mittags bekocht und ihnen anschließ end bei den Hausaufgaben hilft, erfreut sie sich plötzlich einer großen Beliebtheit.
7. Die Ganztagsschule weist tatsächlich viele Vorteile auf: in sozialen Brennpunkten werden schwächere Kinder, die oft bei nur einem Elternteil aufwachsen, besser betreut und gefördert.

1. Die Pisa-Studie hat in der deutschen Gesellschaft eine richtige Schockwelle ausgelöst. Sie hat nämlich gezeigt, dass fast ein Viertel der deutschen Schüler nicht richtig lesen und schreiben kann.
2. Das deutsche Schulwesen funktioniert schlecht, denn es gibt keine richtige Chancengleichheit. Kinder aus wohlhabenden Familien haben viermal mehr Chancen, das Abitur zu bestehen, als Kinder aus sozial benachteiligten Familien.
3. Die Kindergärten sind nicht nur teuer, sondern auch sehr mittelmäßig, denn es wird dort wenig gelernt. Außerdem sind viele Bildungsexperten der Meinung, dass die Grundschule länger dauern sollte.
4. Immer mehr Jugendliche wollen lieber ins Gymasium gehen und danach studieren als mit 18 ins Berufsleben eintreten. Das ist einer der Gründe, warum das deutsche duale System heute in einer Krise steckt.
5. Es gibt zu große Unterschiede zwischen den einzelnen Ländern. Dennoch denkt niemand daran, den Föderalismus in Frage zu stellen.
6. Die in den siebziger Jahren gegründeten Gesamtschulen sollten ausgebaut werden, wenn man ihr Image, das sich in den letzten Jahren sehr verschlechtert hat, verbessern will.
7. Deutschland ist sich nun der Nachteile der Halbtagsschule bewusst geworden, die viele Mütter daran hindert, eine Berufstätigkeit auszuüben.
8. Die Ganztagsschule ist also eines der Hauptziele des deutschen Lehrerverbands geworden, der daran erinnert, dass Deutschland nur 0,4% seines BIPs dem Bildungswesen widmet, während der internationale Durchschnitt bei 1% liegt.

---

1. Le système éducatif relevant en Allemagne de la compétence des Länder, il y est plus difficile qu'en France de mener d'en haut une réforme de l'éducation.
2. Cependant, depuis la publication des résultats calamiteux de l'étude Pisa, tout le monde a aujourd'hui pris conscience en Allemagne de la nécessité de changements radicaux au sein du système éducatif.
3. Le système scolaire traditionnel à trois écoles, que les réformateurs du début des années 1970 souhaitaient réformer, entraîne une sélection précoce entre les bons et les mauvais élèves, qui n'a guère d'équivalent dans les autres pays d'Europe.
4. Les mauvais résultats des élèves allemands en lecture et en écriture proviennent aussi du fait qu'on lit trop peu dans les écoles allemandes.
5. Parallèlement à la sclérose du système scolaire et aux déficiences parentales, ce sont la plupart du temps les professeurs qui sont tenus pour responsables des médiocres résultats des jeunes Allemands de quinze ans.
6. Après avoir été déconsidérée pendant des décennies parce qu'elle ne correspondait pas à l'image de la famille allemande traditionnelle où la mère de famille prépare à manger à midi à ses enfants et les aide ensuite à faire leurs devoirs, l'école à temps plein est soudain devenue très populaire.
7. L'école à temps plein présente effectivement de nombreux avantages : dans les quartiers difficiles, les enfants les plus faibles, souvent élevés par un seul de leurs parents, sont mieux soutenus et aidés.

WORTSCHATZ

ab/bauen	détruire, supprimer
Abschluss(¨e) (der)	diplôme
anfachen	attiser
Auffangbecken(-) (das)	réceptacle
Aufgaben wahr/nehmen	assumer des tâches
Aula (die)	réfectoire
Auslese (die)	sélection
Ausweg (der)	issue
sich aus/wirken (auf + A)	(se) répercuter
benachteiligen	défavoriser, désavantager
Bereitschaft (die)	l'empressement
Chancengleichheit (die)	égalité des chances
Duales System	système de formation par alternance
Durchschnitt (der)	moyenne
ein/schätzen	évaluer, estimer
ein/schulen	scolariser
Ergebnisse erzielen	obtenir des résultats
erwägen	envisager
Etat (der)	budget
Exportschlager (der)	produit qui se vend bien à l'exportation
Fachkraft (die)	personnel qualifié
Förderung (die)	aide, soutien
fördern	aider, soutenir, favoriser
Gesamtschule (die)	école globale ou intégrée
Herkunft (die)	origine
Jahrgang (der)	classe d'âge
kostenpflichtig	payant
landen	atterrir
Laufbahn (die)	carrière
Lehranstalt (die)	établissement scolaire
Lehrerverband (der)	syndicat d'enseignants
Lehrling (der)	apprenti
Lehrstelle (die)	place d'apprentissage
Leistung (die)	résultat scolaire
mahnen	metter en garde
Mittelmaß sein	être médiocre
Schonraum (der)	espace protégé
Spitzenplatz (der)	l'une des premières places
Sprachförderung (die)	cours de soutien en langue
Stundenausfall (der)	cours non assurés
vorbildlich	exemplaire
Zuständigkeit (die)	compétence
zutage/treten (a, e, i)	apparaître

WICHTIGE DATEN

Das deutsche Schulsystem im Überblick

		Weiterbildung		
	Fachschule oder Betriebliche	Fachhochschulen Gesamthochschulen Verwaltungsfachhochschulen	Universität/Hochschule	
13. Klasse	Weiterbildung	Fachabitur	Abitur	Abitur
12. Klasse	Duales System:	Fachgymnasium		
11. Klasse	Lehre + Berufsschule			
10. Klasse		Mittlere Reife		Mittlere Reife
9. Klasse	Hauptschulabschluss			Hauptschulabschluss
8. Klasse			Gymnasium	
7. Klasse	Hauptschule	Realschule		
6. Klasse				Gesamtschule
5. Klasse				
4. Klasse				
3. Klasse				
2. Klasse		Grundschule		
1. Klasse				
		Kindergarten		

Pisa-Studie der OECD Nationenrangliste der Leistungen

#		#		#	
1	Finnland	1	Japan	1	Südkorea
2	Kanada	2	Südkorea	2	Japan
3	Neuseeland	3	Neuseeland	3	Finnland
4	Australien	4	Finnland	4	Großbritannien
5	Irland	5	Australien	5	Kanada
6	Südkorea	6	Kanada	6	Neuseeland
7	Großbritannien	7	Schweiz	7	Australien
8	Japan	8	Großbritannien	8	Österreich
9	Schweden	9	Belgien	9	Irland
10	Österreich	10	Frankreich	10	Schweden
11	Belgien	11	Österreich	11	Tschechien
12	Island	12	Dänemark	12	Frankreich
13	Norwegen	13	Island	13	Norwegen
14	Frankreich	14	Liechtenstein	14	USA
15	USA	15	Schweden	15	Ungarn
16	Dänemark	16	Irland	16	Island
17	Schweiz	17	Norwegen	17	Belgien
18	Spanien	18	Tschechien	18	Schweiz
19	Tschechien	19	USA	19	Spanien
20	Italien	20	Deutschland	20	Deutschland
21	Deutschland	21	Ungarn	21	Polen
22	Liechtenstein	22	Russland	22	Dänemark
23	Ungarn	23	Spanien	23	Mexiko

ZUM NACHDENKEN

Wie erklären Sie sich die schlechten Schulleistungen der deutschen Schüler beim Pisa-Test? Was kann und soll Ihrer Meinung nach die bundesdeutsche Regierung dagegen unternehmen?

Die Gründe für das schlechte Abschneiden der deutschen Schüler im internationalen Vergleich

Sie sind vielfältig:
☞ **Rolle des Elternhauses**
- Manche Kinder werden nicht genug gefördert (Kinder aus Zuwandererfamilien; Kinder aus sozial benachteiligten Familien).
- das Vorlesen wird zu Hause nicht genug praktiziert.

☞ **Rolle des deutschen Schulsystems selbst**
- Spätere Einschulung als in manchen europäischen Ländern. Keine *„Écoles maternelles"*. Nicht genug Kindergärten oder „Kitas" (Kindertagesstätten: crèches).
- Zu frühe und problematische Auslese am Ende der Grundschule: 44% der Schüler werden willkürlich auf die drei Schularten verteilt und der Nachwuchs von Arbeitern und Einwanderern wird systematisch benachteiligt. Das Kind eines Managers hat, bei gleicher Leistung, eine 2,63 -mal so große Chance auf eine Gymnasialempfehlung als ein Arbeiterkind.
- Keine Ganztagsschulen. Nachmittags sind die meisten Schüler sich selbst überlassen.

Was kann und soll die bundesdeutsche Regierung dagegen unternehmen?

☞ **Sie kann und darf nicht alles**
Auch die Eltern sind zur Erziehung verpflichtet und in Sachen Schulwesen sind die einzelnen Bundesländer, nicht der Bund, zuständig („Kulturhoheit" der Länder)

☞ **Trotzdem können sich die Länder bei den regelmäßigen Treffen der Kultusministerkonferenz auf einige Prinzipien und Richtlinien einigen, die dann schrittweise bundesweit eingeführt werden können und der Bund kann die einzelnen Projekte finanziell unterstützen:**
- Die sehr hohen Kindergartengebühren können gesenkt werden und für arme Familien ganz wegfallen, so dass mehr Familien sich die Kitas leisten können.
- Mehr Kindergärten sollen gebaut werden, nicht zuletzt auch, um für die deutschen Mütter Beruf und Arbeit leichter vereinbar zu machen.
- Die frühe Auslese soll wahrscheinlich neu überprüft und effizienter vorgenommen werden.
- Die Sprach- und Lesekompetenz soll durch spezifische Kurse gefördert werden, insbesondere für Migrantenkinder.
- Der Bau von Ganztagsschulen soll vom Bund gefördert werden.

Im Dezember 2003 haben die Kultusminister der Länder beschlossen, dass künftig für alle Bundesländer die gleichen Anforderungen gelten sollen. Sie haben zum ersten Mal allgemeine Bildungsstandards definiert, die an allen Schulen eingehalten werden sollen. Es ist eine kleine Revolution deutscher Schulgeschichte! Und im September 2004 hat Bundeskanzler Schröder die Ganztagsschule zur Priorität erklärt und für 2005 den Bau von fast 3 000 Ganztagsschulen angekündigt, die aus Bundesmitteln finanziert werden sollen.

IMMIGRATION IN DEUTSCHLAND
IMMIGRATION EN ALLEMAGNE

FAKTEN

Heute ist fast jeder zehnte Einwohner der Bundesrepublik ein Ausländer. Bei einer Gesamtbevölkerung von 82 Millionen sind das insgesamt 7,3 Millionen Personen fremder **Staatsangehörigkeit**. Die Türken stellen mit 28 Prozent die größte **Einwanderergruppe** dar, gefolgt von Ex-Jugoslawen mit 10 Prozent und Italienern mit 8,4 Prozent.

Die ersten türkischen **Arbeitnehmer** trafen im November 1961 ein. Das deutsch-türkische **Anwerbeabkommen** war einen Monat vorher **unterzeichnet** worden, nachdem im August der „Eiserne Vorhang" endgültig den Zustrom von Arbeitern aus der DDR in die BRD unterbunden hatte.

Italiener trugen bereits seit 1955 zum „**Wirtschaftswunder**" bei, Spanier und Griechen seit 1960. Im Laufe der sechziger Jahre kamen noch Marokkaner (1963), Portugiesen (1964) Tunesier (1965) und Jugoslawen (1968) hinzu.

Die meisten ausländischen Arbeiter nahmen den Deutschen die gefährliche und **gesundheitsschädigende** Arbeit ab. Sie stiegen als Bergleute in die Kohlengruben, leerten die Mülleimer, bauten die Mercedes und BMW oder arbeiteten in der Kunststoffproduktion.

Kaum der Sprache mächtig, nahmen sie alltägliche Diskriminierungen in Kauf, wohlwissend, dass sie nur für eine begrenzte Zeit in Deutschland bleiben würden.

Viele „**Gastarbeiter**" wurden jedoch „**Dauergäste**". Sie lebten sich ein und ließen ihre Familienangehörigen nachkommen, blieben dem Gesetz nach jedoch Ausländer.

Die jeweiligen Bundesregierungen bewahrten jahrzehntelang gegenüber den Arbeitsimmigranten eine ambivalente Haltung. Wurden sie in den sechziger Jahren angeworben, so erfolgte nach der Ölkrise 1973 ein Anwerbestopp. Nach einer kurzen Lockerungsphase in den achtziger Jahren, in denen die **Einbürgerung** erleichtert wurde, herrschte ab Anfang der neunziger Jahre erneut eine Abwehrpolitik.

Diese Ausländerpolitik, die sich prinzipiell als eine **Arbeitsbeschaffungs**- und als Flüchtlingspolitik zeigte, strebte keine sozialen und bildungspolitischen Maßnahmen zur Integration der Einwanderer an. Das hätte die Anerkennung Deutschlands als Einwanderungsland bedurft und gerade das wurde in der öffentlichen Diskussion bis zum Wahlsieg der rot-grünen Koalition tabuisiert.

In den neunziger Jahren begann sich die Zusammensetzung der ausländischen Bevölkerung zu verändern – als Folge der Auflösung des kommunistischen Ostblocks und des zunehmenden Nord-Süd-Gefälles. Wirtschafts- und Kriegsflüchtlinge machten sich auf den Weg nach Europa, insbesondere 1992 nach Deutschland, und **beantragten** Asyl. **Aussiedler** aus Osteuropa kamen hinzu und wurden auf Grund ihrer deutschen **Abstammung** direkt eingebürgert.

Im Vergleich zum EU-Durchschnitt ist gegenwärtig der Ausländeranteil in Deutschland doppelt so hoch wie in den restlichen Ländern. Nachdem im März 2004 unter der rot-grünen Koalition ein neues **Zuwanderungsgesetz** beschlossen wurde, ist Deutschland auf dem besten Weg, offiziell ein multikulturelles Einwanderungsland zu werden.

PRESSESPIEGEL

ISLAMISTISCHE BEDROHUNG

Mindestens 200 islamistische Gewalttäter befinden sich nach Erkenntnissen der deutschen Behörden in Deutschland.
Sie verfügen über enge Verbindungen zur internationalen Terrorszene. Die Zahl ihrer Sympathisanten wird auf ein zehnfaches geschätzt. Sie rekrutieren sich oft aus der zweiten Migrantengeneration und besitzen nicht selten die deutsche Staatsangehörigkeit.

Frankfurter Rundschau

SCHLECHTE AUSBILDUNG

Kinder ausländischer **Herkunft** schneiden in deutschen Schulen schlecht ab. Nur zehn Prozent von ihnen schafft das Abitur, jedes fünfte Immigrantenkind verlässt die Schule ohne Abschluss. Bereits in der Grundschule müssen ausländische Schüler bis zu viermal so oft eine Klasse wiederholen wie deutsche. Die Zahl der deutschen Kinder, die von der Grundschule auf ein Gymnasium wechseln, ist fast dreimal so hoch wie die Zahl ausländischer Kinder.

Die Zeit

WENN DIE SEELE LÖCHER HAT

Flüchtlinge, die in ihren **Heimatländern** gefoltert wurden oder **Kriegsgräuel** erleben mussten, leiden häufig an Traumata, die es ihnen schwer machen, sich im neuen Leben **zurechtzufinden**. Gesteigert wird dieses Leid, wenn sie damit rechnen müssen, **abgeschoben** zu werden. Behörden verschließen aber oft davor die Augen.

Frankfurter Rundschau

AUSSIEDLER SIND DEUTSCHE STAATSBÜRGER

Auf der ganzen Welt leben Menschen, die **Anrecht** auf einen deutschen Pass haben, weil ihre **Vorfahren** Deutsche waren. Das bestimmt das **Grundgesetz**. Die meisten Deutschen, die zuwandern, kommen aus Mittel- und Osteuropa. In den Jahren nach dem Mauerfall kamen mehrere Hunderttausend pro Jahr. Mittlerweile sind es nur noch etwa 100 000.

Süddeutsche Zeitung

SENIORENHEIM FÜR GASTARBEITER

In Duisburg steht das erste Multikulti-Altersheim für pensionierte Gastarbeiter. Fast 700 000 Einwanderer, darunter 200 000 Türken, werden in diesem Jahrzehnt ihren 60. Geburtstag feiern. Fünf Prozent werden wahrscheinlich einen Pflegeplatz brauchen. Erste Erfahrungen zeigen nämlich, dass diese Rentner durch harte körperliche Arbeit und psychische Belastungen früher **pflegebedürftig** sind als deutsche Rentner.

Der Spiegel

DIE BESTEN KÖPFE SIND UNERWÜNSCHT

In Heidelberg verlor der Amerikaner Steven B., Leiter des Max-Planck-Instituts für Astronomie, nach sieben Jahren die Lust, in Deutschland zu leben. Als seine Frau von IBM zur Firma SAP gewechselt war, hatte sich die Änderung der **Arbeitserlaubnis** so kompliziert erwiesen, dass sie zeitweilig keine Aufenthaltsgenehmigung hatte. Daraufhin verweigerte ihr die **Ausländerbehörde** die **Dauergenehmigung**.

Der Spiegel

PRESSESPIEGEL

DEUTSCHLAND – EINWANDERUNGSLAND?

Rein statistisch ist es unbestreitbar–Deutschland ist ein Einwanderungsland. Doch diese Tendenz ist seit Jahren fallend. Hatte Deutschland Anfang der neunziger Jahre einen spektakulären Zuwachs an Einwanderern, ist der Saldo von Zu- und **Abwanderung** inzwischen stark gesunken.

Frankfurter Rundschau

RAUM OHNE VOLK

Deutschland hat die niedrigste **Geburtenrate** der EU. Auf tausend Einwohner kamen 2003 nur 8,7 Geburten.
Wenn keine Zuwanderer ins Land kommen, dann hätte Deutschland im Jahr 2050 nur noch 50 Millionen Einwohner. Aber auch bei einer Nettoeinwanderung von 200 000 Personen pro Jahr – 10 Millionen zwischen 2000 und 2050 – **läge** die Einwohnerzahl im Jahr 2050 nur bei 70 Millionen.

Die Zeit

STREIT UM DAS ZUWANDERUNGSGESETZ

Mit der Einführung der Green-Card für ausländische Computerspezialisten ging die Debatte um eine grundlegende Neuregelung der Einwanderung nach Deutschland los. Seit drei Jahren streiten sich die Parteien über ein umfassendes Zuwanderungsgesetz. Während die rot-grüne Koalition den Zuzug und die Integration von hochqualifizierten Einwanderern erlauben will, verteidigt die Union eine klare Steuerung und Begrenzung der Zuwanderung. Sie steht der Integrationsfähigkeit Deutschlands skeptisch gegenüber.

Süddeutsche Zeitung

INTEGRATION DER TÜRKEN

Faruk Sen, Leiter des Zentrums für Türkeistudien in Essen, sieht große Fortschritte bei der Integration. 91 Prozent der Türken seien laut Umfrage mit dem Leben in Deutschland zufrieden. Ständig steige die Zahl der binationalen Ehen. 470 000 Türken hätten bereits einen deutschen Pass, 125 000 eine Eigentumswohnung, 30 000 studierten an deutschen Hochschulen. Und 59 500 türkische Geschäftsleute tragen mit einem Umsatz von 8,38 Milliarden Euro zum Bruttosozialprodukt bei.

Focus

KEINE HILFE

Der Algerier Farid G. kam nach Deutschland, um dem Militär zu entgehen. Er bat um politisches Aysl, wurde in einem von Stacheldraht umgebenen Ausländerwohnheim bei Guben (Ostdeutschland) untergebracht. In der Nacht vom 12.02.1999 wird er von elf rechtsradikalen Jugendlichen durch die Stadt **gehetzt**. Sein Versuch, einen vorbeifahrenden Polizeiwagen anzuhalten, scheitert. Schwer verletzt flüchtet er in das Treppenhaus eines Plattenbaus, wo er verblutet. Kein Mieter hatte sich getraut, ihn anzufassen.

Der Spiegel

THÈME

1. Malgré la distance, le lien par téléphone ou par mail permet plus et mieux qu'avant aux immigrés de rester en contact avec leur famille restée au pays.
2. La décision du chancelier Gerhard Schröder d'accorder plusieurs milliers de visas de travail à des informaticiens d'Inde et d'Europe de l'Est a suscité un vaste débat dans une Allemagne qui compte actuellement quatre millions de chômeurs.
3. Le problème de la délinquance juvénile issue de l'immigration n'a pas la même dimension politique en Allemagne qu'en France. Elle n'est pas un problème de banlieues mais de quartiers.
4. Certains immigrés ne veulent pas s'insérer dans la société allemande car ils accordent beaucoup plus d'importance au fait d'être au sommet de la hiérarchie sociale dans leur pays d'origine que d'être au bas de la hiérarchie allemande en acquérant la nationalité allemande.
5. En Allemagne, une nouvelle loi autorise les entreprises à faire appel à la main-d'œuvre immigrée lorsqu'elles en manquent, notamment dans les secteurs de l'informatique, du bâtiment, de l'industrie lourde et de la santé.
6. Si le niveau de la population allemande n'est pas maintenu par l'immigration, cela signifie que l'Allemagne fait le choix d'une société vieillissante et d'un coût de la vie élevé.
7. L'Allemagne accueille plus de réfugiés que n'importe quel autre pays d'Europe.

VERSION

1. In Deutschland haben die Immigranten zu viele Möglichkeiten, sich kulturell abzugrenzen. Sie sollten eher ermuntert werden, sich an die deutsche Gesellschaft anzupassen.
2. Für viele Türken ist Deutschland ihre Heimat. Sie sind dort aufgewachsen und sehen dort ihre berufliche und soziale Zukunft. Sie verstehen sich als Deutsch-Türken.
3. Den höchsten Umsatz unter den deutschtürkischen Unternehmen erzielt zur Zeit die Hamburger Öger-Touristikgruppe mit 378 Millionen Euro, gefolgt von dem Textilkonzern Santex bei Aachen mit 287 Millionen Euro.
4. Die meisten der in München lebenden Ausländer kamen nicht aus der Türkei, sondern aus dem ehemaligen Jugoslawien und aus Griechenland.
5. Bereits ihr Grenzübertritt ist eine Straftat, ihr Aufenthalt in Deutschland ist es erst recht. Flüchtlinge ohne anerkannten Aufenthaltsstatus leben in einer Welt ohne Recht. Sie sind ständig von Entdeckung und Abschiebung bedroht.
6. Wenn die Einbürgerungszahlen weiter steigen, werden die Zuwanderer in Zukunft ein beträchtliches Wählerpotential darstellen.
7. Wenn ein Kind ausländischer Eltern durch Geburt auch die deutsche Staatsangehörigkeit erwirbt, muss es sich bis zum 23. Lebensjahr entscheiden, welchen Pass es behalten will. Entscheidet es sich nicht, verliert es automatisch den deutschen Pass.

1. Trotz der Entfernung erlaubt die Verbindung durch Telefon und E-Mail den Einwanderern häufiger und besser als vorher, mit ihrer Familie im Herkunftsland in Kontakt zu bleiben.
2. Die Entscheidung des Bundeskanzlers Gerhard Schröder Informatikern aus Indien und Osteuropa mehrere tausend Arbeitsgenehmigungen zu bewilligen, hat eine enorme Diskussion in Deutschland hervorgerufen, das zur Zeit vier Millionen Arbeitslose hat.
3. Die Jugendkriminalität als Folge der Immigration hat in Deutschland eine andere Dimension als in Frankreich. Sie ist nicht ein Problem der Vororte, sondern der Stadtviertel.
4. Gewisse Einwanderer wollen sich nicht in die deutsche Gesellschaft eingliedern, denn sie räumen der Tatsache, an der Spitze der sozialen Hierarchie in ihrem Herkunftsland zu stehen, mehr Bedeutung ein, als in der deutschen Hierarchie unten zu sein, indem sie die deutsche Staatsangehörigkeit annehmen.
5. In Deutschland berechtigt ein neues Gesetz die Unternehmen, sich auf eingewanderte Arbeitskräfte zu berufen, wenn sie ihnen insbesondere in den Bereichen der Informatik, des Baugewerbes, der Schwerindustrie und der Gesundheit fehlen.
6. Wenn der deutsche Bevölkerungsstand nicht durch die Einwanderung aufrecht erhalten wird, bedeutet das für Deutschland, eine alternde Gesellschaft und hohe Lebensunterhaltungskosten zu wählen.
7. Deutschland nimmt mehr Flüchtlinge als irgendein anderes Land in Europa auf.

---

1. Les immigrants en Allemagne ont trop de possibilités de se démarquer culturellement. Ils devraient plutôt être encouragés à s'adapter à la société allemande.
2. L'Allemagne est pour beaucoup de Turcs leur pays d'attache. Ils y ont grandi et y voient leur avenir professionnel et social. Ils se considèrent comme Germano-Turcs.
3. Parmi les entreprises germano-turques, l'opérateur touristique Öger à Hambourg atteint actuellement avec 378 millions d'euros le chiffre d'affaires le plus élevé, suivi par le holding du textile Santex près d'Aix-la-Chapelle avec 287 millions d'euros.
4. La plupart des étrangers vivant à Munich ne venaient pas de Turquie mais de l'ex-Yougoslavie et de la Grèce.
5. Pour ceux dont le passage de la frontière fut déjà un acte criminel, le séjour en Allemagne aggrave leur situation. Des réfugiés sans statut reconnu vivent dans un monde sans droits. Ils risquent toujours d'être découverts et expulsés.
6. Si les chiffres de la naturalisation continuent à monter, les immigrés représenteront à l'avenir un potentiel important d'électeurs.
7. Si un enfant de parents étrangers acquiert également la nationalité allemande, il est obligé de décider avant l'âge de vingt-trois ans quel passeport il veut garder. S'il ne se décide pas, il perd automatiquement le passeport allemand.

WORTSCHATZ

ab/schieben (o, o)	*expulser*
Abstammung (die)	*origine*
Abstammungsrecht (das)	*droit du sang*
Abwanderung (die)	*émigration*
Anrecht (das)	*droit*
Anwerbeabkommen (das)	*traité de recrutement*
Arbeitsbeschaffungspolitik (die)	*politique d'emploi*
Arbeitserlaubnis (die)	*permis de travail*
Arbeitnehmer (der)	*salarié*
Asylbewerber (der)	*demandeur d'asile*
Asylschwindler (der)	*clandestin*
auf/weisen (ie, ie)	*présenter*
Ausländerbehörde (die)	*bureau des migrations*
ausreisepflichtig	*obligé de partir*
Aussiedler (der)	*rapatrié*
beantragen	*demander*
Bedarf (der)	*demande*
Bevölkerungsschwund (der)	*diminution de population*
Bodenrecht (das)	*droit du sol*
Dauergast(¨e) (der)	*résident de longue durée*
Dauergenehmigung (die)	*autorisation permanente*
Einbürgerung (die)	*naturalisation*
Einwanderergruppe (die)	*groupe d'immigrés*
erlassen (ie, a)	*décréter*
Fachunterricht (der)	*enseignement spécialisé*
Flüchtling (der)	*réfugié*
Gastarbeiter (der)	*travailleur immigré*
Geburtenrate (die)	*taux de natalité*
Grundgesetz (das)	*loi fondamentale*
liegen (a, e) bei (+ D)	*s'élever à*
gesundheitsschädigend	*nocif à la santé*
Heimatland (das)	*pays d'origine*
Herkunft (die)	*origine*
hetzen	*traquer*
in Kraft treten (i, a, e)	*entrer en vigueur*
Kriegsgräuel (der)	*les horreurs de la guerre*
nieder/lassen (ie, a) sich	*s'installer*
pflegebedürftig	*nécessitant des soins*
Staatsangehörigkeit (die)	*nationalité*
unterbinden (a, u)	*arrêter*
unterzeichnen	*signer*
Vergreisung (die)	*vieillissement*
verhaftet sein	*être attaché*
verwurzelt sein	*être enraciné*
Vorfahr (der)	*ancêtre*
Wirtschaftswunder (das)	*miracle économique*
zurecht/finden (a, u)	*s'orienter*
Zuwanderungsgesetz (das)	*loi d'immigration*

WICHTIGE DATEN

Deutschlands Weg zum Einwanderungsland

1. *Phase der Ausländerpolitik: 1955-1973*
Anwerbung und Beschäftigung der ausländischen Arbeiter erfolgt im Interesse der expandierenden Wirtschaft mit wachsendem **Bedarf** an Arbeitskräften. Ausländerbeschäftigung wird als vorübergehende Erscheinung angesehen.

2. *Phase der Ausländerpolitik: 1973-1980*
Zunehmende Integration ausländischer Arbeitnehmer und ihrer Familien. Begrenzung der Zuwanderung aus außereuropäischen Staaten. Prämien für die freiwillige Rückkehr von Ausländern in ihre Herkunftsländer.

3. *Phase der Ausländerpolitik: 1981-1991*
1983 Gesetz zur Förderung der Rückkehrbereitschaft der Ausländer.
1987 Ankündigung einer grundlegenden Reformierung des Ausländergesetzes durch Kanzler Kohl.
1991 **In Kraft treten** des neuen Ausländergesetzes: Aufenthaltsrechte für zugezogene Familienmitglieder. Einbürgerungserleichterungen für die erste und zweite Ausländergeneration.

4. *Phase der Ausländerpolitik: 1992-2002*
1993 Neuordnung des Asylrechts und drastische Verkürzung des Asylverfahrens zur Verminderung der Flüchtlingszahlen.
1998 Offizielle Anerkennung Deutschlands als Einwanderungsland durch die rot-grüne Regierung. Beginn der Reformierung des Staatsangehörigkeitsrechts.
2000 In Deutschland geborene Kinder ausländischer Eltern erhalten die deutsche Staatsangehörigkeit. Green-Card Verordnung.

5. *Phase der Ausländerpolitik: 2004*
Beschluss eines neuen Zuwanderungsgesetzes: Förderung der Integration von Zu- bzw. Einwanderern und Verbesserung des Asylrechts, z.B. Arbeitserlaubnis für Flüchtlinge.

Ausländer in Deutschland nach den häufigsten Staatsangehörigkeiten am 31.12.1999

1.	Türkei	2 053 564
2.	BR Jugoslawien	737 204
3.	Italien	615 900
4.	Griechenland	364 354
5.	Polen	291 673
6.	Kroatien	213 945
7.	Österreich	186 090
8.	Bosnien und Herzegowina	167 690
9.	Portugal	132 623
10.	Spanien	129 893
11.	Iran	116 446
12.	Großbritannien/Irland	113 487
13.	USA	111 982
14.	Niederlande	110 519
15.	Frankreich	107 191

Quelle: Statistisches Bundesamt

ZUM NACHDENKEN

Probleme

Viele Ausländer, die in ihrem Kulturkreis **verhaftet** sind, haben auch noch nach 20 Jahren Aufenthalt in Deutschland, Schwierigkeiten mit der Gleichstellung von Mann und Frau.

Die Gewalt in türkischen Familien ist doppelt so hoch wie in deutschen. Dort baut sich ein Druck auf, der offensichtlich auf der Straße weitergegeben wird. Die Kriminalitätsstatistik von 2001 weist 24,9 Prozent Ausländer auf, von denen der größte Teil türkischstämmig ist.

Das neue Zuwanderungsgesetz hebt nicht den 1973 **erlassenen** Anwerbestopp für ausländische Arbeiternehmer auf. Hochqualifizierte Immigranten werden sich nur in Deutschland **niederlassen** können, wenn sie selbstständige Unternehmer sind, mit einem Koffer mit mindestens einer Million Euro kommen und zehn Arbeitsplätze schaffen.

Die Schule als soziales Trampolin funktioniert nicht mehr, weil viele Immigrantenkinder Sprachprobleme haben. Oftmals besteht ihre Umgangssprache aus einem regionalen Slang, der nicht ausreicht, einem **Fachunterricht** zu folgen.

Viele **Asylbewerber** geben den Ausländerbehörden falsche Personalien und verlorene Pässe an. Zur Zeit leben etwa 400 000 **ausreisepflichtige** Ausländer in Deutschland. Allein in Hamburg befinden sich rund 3 000 mutmaßliche **Asylschwindler,** die der Stadt zwei Millionen Euro im Monat kosten.

Lösungsansätze

Die Grenzen der kulturellen und politischen Freiheit sind für Einwanderer die gleichen wie für alle Bürger. Diese Grenzen werden durch die Verfassung, die Gesetze und durch die Rechtssprechung festgelegt.

Um der multikulturellen Gesellschaft gerecht zu werden, sollte die nationale Identität Deutschlands zukünftig nicht mehr über das **Abstammungsrecht** definiert werden, sondern über das **Bodenrecht**.

Angesichts des drohenden **Bevölkerungsschwunds** und der **Vergreisung** der Gesellschaft braucht Deutschland Einwanderer, deren Auswahl nach dem Vorbild klassischer Einwanderungsländer erfolgen sollte.

Das Bild der Türken wandelt sich. Galten sie in den achtziger Jahren in der Regel als Gastarbeiter, so gewinnen sie nun für Deutschland internationale Filmpreise und Sportmedaillen. Über die Hälfte aller Türken lebt nicht mehr in türkischen Vierteln. Sie engagieren sich zunehmend in deutschen Vereinen. Die Zahl der interkulturellen Freundschaften nimmt zu.

Das neue **Zuwanderungsgesetz** verbessert die Integration von Ausländern und das Asylrecht. Einwanderer haben von jetzt an Anspruch auf Sprach- und Integrationskurse. Flüchtlinge, die von nichtstaatlichen Gruppen oder wegen ihrer sexuellen Orientierung verfolgt werden oder denen die Exzision droht, haben Anspruch auf Asyl.

RELIGIÖSER INTEGRISMUS IN DEUTSCHLAND
L'INTÉGRISME RELIGIEUX EN ALLEMAGNE

FAKTEN

Deutschland ist seit den 80er Jahren zum wichtigsten Einwanderungsland vor Frankreich geworden. Dabei bilden die in Deutschland **ansässigen** arabischen **Gemeinden** eine recht kleine Minderheit; den Großteil der **Migranten** stellen nach wie vor die türkischen Arbeitnehmer dar.

Es liegt auf der Hand, dass die **Einwanderer** der ersten Generation, die in der Nachkriegszeit als „**Gastarbeiter**" bezeichnet wurden, im Aufnahmeland auf eine soziale Mentalität stießen, welche die deutschstämmige Bevölkerung mit einer gewissen **Voreingenommenheit** auch heute noch verteidigt, indem sie den Gaststatus der **Einwanderer** betont.

Unbestritten ist außerdem, dass die **gespaltene** Identität der jungen **Migranten** einen idealen **Nährboden** für eine Politisierung des **Islams** bietet: seitdem immer mehr türkische Familien im Laufe der **Familienzusammenführung** nach Deutschland gezogen sind, fühlen sich viele türkische Kinder und Jugendliche zwischen Orient und Okzident hin-und hergezogen, d.h. weder der einen noch der anderen **Gemeinschaft** zugehörig. Diese „**Heimatlosigkeit**" ist eine der Voraussetzungen für den religiösen **Fundamentalismus**, eine andere ist in der Tatsache zu suchen, dass die türkischen Jugendlichen sich in der deutschen **Mehrheitsgesellschaft** oft unterlegen fühlen, sich **abschotten**, und dies zu einer Zeit, in der sich die Arbeitsmarktsituation drastisch verschlechtert hat.

Sicher haben sich Elemente des religiösen **Fundamentalismus** bereits vor dem 11. September in Deutschland **eingenistet**, vor diesem Zeitpunkt lag es nämlich nicht in der deutschen Tradition, die religiöse Infrastruktur der **Muslime** in Deutschland zu überwachen. Diese besteht seit Jahren aus anerkannten **Moscheegemeinden**, zahlreichen **Verbänden** und **Dachverbänden**, die mittlerweile mit einer eigenen Homepage im Internet präsent sind (z.B. die Türkisch-**Islamische** Union der Anstalt für Religion oder der **Verband** der **Islamischen** Kulturzentren) oder seit Ende 2001 aufgrund ihrer antidemokratischen Gesinnung verboten wurden (der „Kalifatsstaat" unter Führung von Metin Kaplan). Laut **Verfassungsschutz** beläuft sich die Anzahl der Mitglieder und Anhänger von islamistischen Organisationen auf 31 450.

Leider haben die **Terroranschläge** das **Misstrauen** gegenüber den **Muslimen** noch verstärkt. Außerdem stellt die Dezentralisierung in der BRD ein Hindernis für einen wirksamen Kampf gegen den Extremismus dar, da in den jeweiligen Ländern das Problem anders **gehandhabt** wird z.B. das **Kopftuchverbot** bei Beamtinnen: Während hier eine Schule kategorisch die Einstellung von Lehrerinnen, die ein **Kopftuch** tragen wollen, ablehnen kann, ist es dort, in einer Nachbarschule, möglich. Tatsächlich gibt es in Nordrhein-Westfalen, Bremen und Hamburg Einzelfälle von Lehrerinnen, die mit Kopftuch unterrichten.

Die Zukunft des **Fundamentalismus** wird auch davon abhängen, auf welche Weise Staat und Gesellschaft so **vielschichtige** Probleme wie z.B. materielle Sicherheit für den größten Teil der Bevölkerung oder Erziehung zur Toleranz lösen können – und dies jenseits von **Ausgrenzung**, **Gleichgültigkeit** und Ignoranz.

PRESSESPIEGEL

Immer wieder berichten Korrespondenten über die **islamische** Bedrohung in aller Welt, über die menschenverachtenden Parolen, die Gewalt und Repression fundamentalistischer Gruppen. Während die westliche Industriegesellschaft neugierig hinsieht, und dabei ihre **islamischen Feindbilder** vervollständigt, zeigt sie zugleich kein Interesse für die **islamischen Gemeinschaften** im eigenen Land.

Die Zeit

Etwa 2,5 Millionen **Muslime** leben in Deutschland, davon 80 Prozent Türken, die – weitestgehend unbemerkt von der deutschen Öffentlichkeit – ihre eigene soziale und religiöse Welt geschaffen haben: Rund 1 600 Vereine beziehungsweise Moscheen sind entstanden.

Die Zeit

Eine Frau ohne **Kopftuch** ist nackt – so argumentiert die **muslimische** Lehrerin Ludin aus Niedersachsen, die den sogenannten Kopftuchstreit ausgelöst hat. Bundespräsident Rau hat in diesem Zusammenhang aber vor **Pauschalurteilen** gewarnt und das Recht **muslimischer** Frauen zum Tragen des Tuches verteidigt. Religionsfreiheit gelte nicht nur für das Christentum, sagte Rau.

NDR

Abgelehnt von der fremden deutschen Umgebung und **wurzellos** in der ähnlich fremden türkischen Gesellschaft, klammert sich ein erheblicher Teil der Jugendlichen an die Umma, die religiöse **Gemeinschaft der Muslime**, in der sie sich verstanden fühlen. So ist zu erklären, dass mehr als die Hälfte der Jugendlichen ihre eigenen Kinder auf **Koranschulen** schicken würde und sich mehr **Koranschulen** wünscht.

Die Zeit

Während hierzulande Johannes Rau auf seine letzten Tage als Bundespräsident die Debatte um die Integration der **Muslime** mit seinem unscharfen Kopftuchvergleich auf verquere Weise fördert, hat der französische Präsident Jacques Chirac gerade das Verbot „**auffälliger**" oder „**aufdringlicher**" religiöser Zeichen und Kleidungsstücke in französischen Schulen auf den Weg gebracht. **Muslime** in Frankreich empfinden das Gesetz als **Ausgrenzung**, für den **laizistischen** französischen Staat ist es ein Akt ziviler Selbstbehauptung.

FAZ

„Eine gesetzliche Reglementierung der Kleidung von Lehrern und Erziehern im **staatlichen Dienst** ist erforderlich", sagte auch Özcan Mutlu von den Grünen. Das gelte natürlich für alle großen Symbole mit religiösem oder **weltanschaulichen** Bezug. Im gesamten **Staatsdienst** lehnen die Grünen dies wiederum ab. Es sei ein Unterschied, ob eine Sachbearbeiterin ein Kopftuch trage oder eine Lehrerin vor der Klasse.

Berliner Zeitung

PRESSESPIEGEL

Das Wohnviertel an der Puricellistraße am Regensburger Donaupark wirkt bürgerlich und friedlich. Wären da nicht die Agenten des Bundeskriminalamts und des **Verfassungsschutzes**, die dort regelmäßig auftauchen und die Passanten beobachten. Die Beamten spüren dem 34-jährigen Tunesier Mouldi Ben Ahmed Chabaane nach, der ein überzeugter Gotteskrieger sein soll. Unter derzeit 270 in Deutschland lebenden radikalen Islamisten wird der Vater von vier Kindern als „brandgefährlich" eingestuft.

Focus

In Deutschland dagegen bleiben **Muslime** weitgehend unbehelligt. Die Republik will sich bis heute nicht als **Einwanderung**sland verstehen und behandelt **Zuwanderer** mehr als Gäste denn als Mitbürger. „Integration war bisher nicht das Ziel, sondern Rückkehr. Über Jahre haben wir ein Nebeneinander geduldet und selbst gefördert", räumt die CDU-Politikerin Rita Süssmuth, ehemals Leiterin der Zuwanderungskommission der Bundesregierung, ein.

Der Spiegel

„Weiter!" Und Fikriye boxt, immer weiter. Fikrye, geboren vor zwanzig Jahren in Köln-Buchforst, ist eine Vorzeige – Türkin, „**Migrantin**", wie es neudeutsch-korrekt heißt. Nicht nur, dass sie nach dem schwarzen Karate-Gürtel jetzt als Boxerin in den Ring steigt. Sie hat außerdem gerade Abitur gemacht, was nur 9 Prozent der rund 200 000 türkischen Schülerinnen in Deutschland schaffen, aber 31 Prozent der deutschen.

Die Woche

Andere Kulturen und Religionen, so lautet es, dürfen nicht kritisiert werden. Ein Glaubenssatz, entstanden als Reaktion auf die bitteren Erfahrungen der Nazi-Zeit, wo alles Fremde verteufelt, verfolgt und ausgerottet wurde. Seither ist nichts verwerflicher, als sich dem Verdacht des Rassismus auszusetzen. Die Scham aus der Vergangenheit und die Angst, als ausländerfindlich zu gelten, sind umgeschlagen in eine freudige Akzeptanz aller anderen Kulturen, teilweise sogar in eine naive Multikulti-Ideologie.

Der Spiegel

Strafbar war sie in Deutschland theoretisch schon immer. Nur tauchte das Wort in keinem deutschen Strafgesetz auf: „Zwangsehe". Das war nicht weiter verwunderlich, denn praktisch hatte sich der Gesetzgeber jahrzehntelang nicht dafür interessiert, das mitten in Deutschland junge, oft minderjährige Mädchen gegen ihren Willen verheiratet wurden. Deshalb hatten diese Mädchen aus **muslimischen** Familien auch keine Ahnung davon, dass das Treiben ihrer Väter, Brüder oder Onkel nach deutschem Recht schon immer strafbar war.

Emma

THÈME

1. La plupart des musulmans sont membres d'une organisation modérée qui s'occupe de leurs intérêts et des problèmes rencontrés ; une minorité adhère à des associations à tendance intégriste rejetant tous les principes démocratiques du pays d'accueil.
2. De nombreuses femmes souffrent des « lois » érigées par les intégristes de façon arbitraire, notamment de préceptes religieux qui touchent tous les domaines de leur vie de famille.
3. En Allemagne, le pourcentage des femmes turques qui se disent « très croyantes » est passé de 8 à 20% malgré la majorité des familles turques qui refusent le voile.
4. Moins les jeunes Turcs sont intégrés dans la société allemande, plus ils cherchent la proximité des organisations religieuses croyant en la supériorité de l'Islam.
5. Une grande partie des musulmans domiciliés en Allemagne se trouvent réunis dans des associations et fédérations centrales qui défendent leurs revendications et intérêts.
6. Parmi les deux millions et demi de musulmans en Allemagne, et surtout parmi les Turcs, le fondamentalisme islamique est un phénomène assez récent.
7. Les jeunes Turcs semblent avant tout souffrir de leur « double identité » : ni totalement Turcs, ni vraiment Allemands, ils n'appartiennent à aucune des deux cultures.
8. Quand le chômage inquiète la communauté majoritaire en Allemagne, les étrangers sont encore plus concernés par la crise économique qui menace le pays.
9. Dans les différents Länder, la décision de porter le voile dans le service public est du ressort de l'employeur : ainsi, il est autorisé dans certaines écoles et non dans d'autres.

VERSION

1. Die **Kopftuchfrage** bleibt ein **vielschichtiges** Problem: einige Vertreter der deutschen Kirche rufen die Bürger zur Toleranz auf, andere warnen die deutschen Christen vor der Gefahr, die eigene kulturelle Identität aufzugeben, indem sie ein religiöses Symbol akzeptieren, das nicht zu ihrer Kultur gehört.
2. Arbeitslosigkeit in Deutschland und Überlegenheitsgefühl der deutschen **Mehrheitsgesellschaft** gegenüber ihren **türkischen** Mitbürgern, verbunden mit **Pauschalurteile** und wachsendem **Misstrauen** sind ein idealer **Nährboden** für den Integrismus.
3. Es bleibt **unbestritten**, dass innerhalb der **muslimischen Gemeinden** die **Fundamentalisten** eine Minderheit bilden.
4. Nach den **Terroranschlägen** des 11. September **lag es auf der Hand**, dass einige der **Islamischen Verbände** wegen ihrer **verfassungsfeindlichen** und antidemokratischen Gesinnung verboten wurden.
5. Deutschland ist sich erst spät bewusst geworden, dass einige Großstädte als Versteck und Operationsbasis von Terroristen dienten.
6. Bei den Deutschen und ihren französischen Nachbarn wird das **Kopftuch** mit Unterdrückung der Frau durch die Männerwelt, Rückständigkeit und seit ein paar Jahren auch mit religiösem Integrismus assoziiert.
7. Den gemäßigten **Muslims** nach zu urteilen, weicht der **fundamentalistische Islam** vom **islamischen** Geist ab, denn er will das Konzept des „Dschihad" im kriegerischen Sinn des Wortes, als wahren Heiligen Krieg, gebrauchen.

1. Die meisten Muslims sind Mitglieder eines gemäßigten Verbands, der sich um ihre Interessen und Probleme kümmert; eine Minderheit tritt Verbänden mit integristischer Tendenz bei, die alle demokratischen Grundsätze des Gastlandes verwerfen.
2. Zahlreiche Frauen leiden unter den „Gesetzen", die von den Integristen willkürlich erhoben werden, insbesondere religiöse Vorschriften, die alle Bereiche ihres Familienlebens betreffen.
3. Der Prozentsatz der türkischen Frauen in Deutschland, die sich als „sehr religiös" bezeichnen, ist von 8 auf 20% gestiegen, trotz der Mehrheit an türkischen Familien, die das Kopftuch ablehnen.
4. Je weniger die jungen Türken in die deutsche Gesellschaft eingegliedert sind, um so mehr suchen sie die Nähe religiöser Verbände und glauben an die Überlegenheit des Islam.
5. Ein großer Teil der in Deutschland ansässigen Muslims sind in Verbänden und Dachverbänden zusammengeschlossen, welche ihre Forderungen und die Interessen vertreten.
6. Unter den zweieinhalb Millionen Muslims, die in Deutschland leben, und vor allem unter den Türken, ist der islamische Fundamentalismus ein ziemlich neues Phänomen.
7. Die türkischen Jugendlichen scheinen vor allem unter ihrer „gespaltenen Identität" zu leiden: weder ganz Türken noch wirklich Deutsche, gehören sie keiner der beiden Kulturen an.
8. Wenn die Arbeitslosigkeit schon die deutsche Mehrheitsgesellschaft beunruhigt, sind die Ausländer noch mehr von der Wirtschaftskrise betroffen, die das Land bedroht.
9. In den verschiedenen Ländern, bleibt die Entscheidung, im Staatsdienst ein Kopftuch zu tragen, dem Arbeitgeber überlassen: so ist es in manchen Schulen erlaubt und in anderen nicht.

---

1. La question du voile reste un problème complexe : certains représentants de l'Église allemande appellent les citoyens à la tolérance, d'autres mettent les chrétiens allemands en garde contre le danger d'abandonner leur propre identité culturelle en acceptant un symbole religieux qui ne fait pas partie de leur culture.
2. Le chômage en Allemagne et le sentiment de supériorité qu'affiche une société majoritairement allemande envers les concitoyens turcs, combinés avec des préjugés et une méfiance croissante sont un terrain propice pour l'intégrisme.
3. Au sein des communautés musulmanes les fondamentalistes constituent indiscutablement une minorité.
4. Après les attentats terroristes du 11 septembre, il est évident que parmi les associations islamiques, certaines ont été interdites à cause de leurs orientations anticonstitutionnelles et antidémocratiques.
5. L'Allemagne ne s'est rendu compte que très tardivement que certaines grandes villes servaient de cachette et de base d'opérations à des terroristes.
6. Chez les Allemands et chez leurs voisins français, le voile est associé à l'oppression de la femme par les hommes ainsi qu'à une attitude réactionnaire et, depuis quelques années, à l'intégrisme religieux.
7. Selon les musulmans modérés, l'Islam fondamentaliste se détourne de l'esprit de l'Islam, car il veut utiliser le concept du « jihad » au sens belliqueux du terme, comme une véritable guerre de religion.

WORTSCHATZ

sich abschotten	se couper du reste du monde
ansässig sein	être domicilié, établi
Anwerbeabkommen (das)	l'accord sur la régulation de l'immigration
Aufenthaltsrecht (das)	le droit de séjour
auffällig, aufdringlich	ostentatoire
Ausgrenzung(en) (die)	la ghettoïsation, la mise à l'écart
Dachverband(¨e) (der)	la fédération centrale
Einbürgerung (die)	la naturalisation
sich ein/nisten	se nicher, s'incruster (fig.)
Ein- oder Zuwanderer (der)	l'immigrant
Familienzusammenführung (die)	le rapprochement des familles
Feindbild(er) (das)	la représentation négative
Fundamentalismus (der)	le fondamentalisme
fundamentalistisch	fondamentaliste
Gastarbeiter (der)	le travailleur immigré « invité »
Gemeinde(n) (die)	la commune ; la communauté religieuse
Gemeinschaft(en) (die)	la communauté, la collectivité
handhaben	manier, manœuvrer
auf der Hand liegen	être évident
Heimat (die)	la patrie
Heimatlosigkeit (die)	l'apatridie
Integrismus (der)	l'intégrisme
Islam (der)	l'Islam
islamisch	islamique
Kopftuch(¨er) (das)	le fichu (par ext. le voile)
Kopftuchverbot (das)	l'interdiction de porter le voile
Koranschule(n) (die)	l'école coranique
laizistisch	laïque
Mehrheitsgesellschaft(en) (die)	la communauté majoritaire
Migrant(en) (der)	l'immigré
Misstrauen (das)	la méfiance
Moschee(n) (die)	la mosquée
Moscheegemeinde(n) (die)	la communauté des mosquées
Muslim(e) (der)	le musulman
muslimisch	musulman
Nährboden(¨) (der)	l'humus, le terrain propice
Pauschalurteil(e) (das)	le jugement global ; le préjugé
spalten	fendre, couper en deux
Staatsdienst oder staatliche Dienst (der)	le service public
Terroranschlag(¨e) (der)	l'attentat terroriste
unbestritten	indiscutable
Verband(¨e) (der)	l'association
Verfassungsschutz (der)	les renseignements généraux
verfassungsfeindlich	anticonstitutionnel
vielschichtig	complexe
Voreingenommenheit (die)	le parti pris ; l'idée préconçue
Weltanschauung(en) (die)	la vision du monde
wurzellos	déraciné

WICHTIGE DATEN

Zuwanderung und religiöser Integrismus in Deutschland

1922	Gründung der Islamischen Gemeinde Berlin, bestehend aus 1 800 Muslimen (darunter 20 Deutsche); diese Gemeinde steht am Anfang des organisierten Lebens der Muslime in Deutschland.
1924	die Deutsch-Muslimische Gesellschaft Berlin e.V. legt den Grundstein für die erste Berliner Moschee (die auch heute allen Berlinern bekannte Moschee am Fehrbelliner Platz); die Gesellschaft bemühte sich um einen interreligiösen Dialog.
1955-1968	Anwerbeabkommen mit Italien, Spanien, Griechenland, der Türkei, Portugal, Tunesien und Jugoslawien nach dem Rotationsprinzip.
1973	Anwerbestopp im Zusammenhang mit der Erdölkrise, aber die Zahl der Zuwanderer steigt durch die Familienzusammenführung.
1982	„Türkisch-Islamische Union der Anstalt für Religion" (DITIB), der stärkste Einzelverband, vertritt das türkische Modell des Laizismus und stellt sich gegen Gruppierungen mit antilaizistischen Tendenzen.
1983	unter der Regierung Kohl (CDU/FDP) tritt das Gesetz zur Rückkehrförderung in Kraft.
1984	Gründung des „Kalifatstaates" unter Metin Kaplan, dem „Emir der Gläubigen und Kalif der Muslime" in Köln; diese Organisation (1.100 Mitglieder) lehnt Parteienpluralismus und Demokratie ab; sie strebt die Weltherrschaft des Islam an.
1985	Die „Islamische Gemeinschaft Milli Görüs" (IGMG) ist mit 27 000 Mitgliedern die zweitgrößte, ebenfalls in Köln gegründete Organisation, die sich für die „Befreiung der ganzen Menschheit... über den Koran" einsetzt.
1991	ein neues Ausländerrecht bringt die Verbesserung des Aufenthaltsrechts für lange in Deutschland lebende Ausländer, aber keine Erleichterung für die Einbürgerung.
1994	Cem Özdemir, Gastarbeitersohn der zweiten Generation, wird als erster Türke in den Bundestag gewählt (Abgeordneter der Grünen).
2000	neues Staatsangehörigkeitsrecht: in Deutschland geborenen Kinder erhalten die deutsche Staatsbürgerschaft.
2001	nach den Terroranschlägen des 11. September wird der verfassungsfeindliche „Kalifatstaat" verboten; die Entscheidung über ein neues Zuwanderungsgesetz wird verschoben: Kernpunkte sind die Vereinfachung des Ausländerrechts, die Erleichterung der Zuwanderung aus Erwerbsgründen, die bessere Integration von Ausländern.
2003	die Rot-Grün Koalition verabschiedet das neue Zuwanderungsgesetz im Bundestag, doch der Bundesrat entscheidet zwei Monate später dagegen.

ZUM NACHDENKEN

Zur Diskussion gestellt

- **Integrismus** gegen Integration: kann der religiöse **Fundamentalismus** durch eine bessere Eingliederung der fremdländischen Arbeitnehmer und ihrer Familien bekämpft werden?
- Ist der religiöse Integrismus zum neuen „Opium fürs Volk" geworden, weil die Gläubigen nur im Extremismus eine Antwort auf ihre Fragen und die Lösung ihrer Probleme finden?
- Wie lebt es sich mit einer **„gespaltenen Identität"**? Welche Vor- und Nachteile bringt diese doppelte Kultur mit sich?
- Integrismus gibt es nicht nur im **Islam**: kann oder konnte man auch von einem christlichen Integrismus sprechen?
- Inwiefern sind religiöser Integrismus und weltpolitische Probleme miteinander verflochten: kann man sagen, dass die Religion ein Mittel zum Zweck wird?
- Wie kann man erklären, dass die **Kopftuchfrage** in Deutschland anders als in Frankreich behandelt wird?
- Warum spielt der Islam auch bei den Nicht-Integristen in der **türkischen Gemeinschaft** eine große Rolle? Kann der islamische Glaube mit dem Leben in der modernen westlichen Welt vereinbar sein?
- Stellt das **Kopftuch** die Gleichberechtigung der Frau in Frage oder gibt es – wie einige Musliminnen behaupten – keinen Zusammenhang zwischen Kopftuch und (männlicher) Unterdrückung?
- Was die **Kopftuchfrage** betrifft, möchte die PDS eine „Stigmatisierung" von Muslimen per Gesetz verhindern. Nehmen Sie Stellung dazu!
- Warum ist im täglichen Leben die Angst vor der Auseinandersetzung mit dem Fremden, mit alternativen Lebensformen häufig noch sehr groß?

DAS DEUTSCHE FERNSEHEN
LE PAYSAGE TÉLÉVISUEL ALLEMAND

FAKTEN

Da die meisten deutschen Haushalte über einen Kabelanschluss oder **eine Satellitenschüssel** verfügen, bietet das deutsche Fernsehen ein reiches Angebot an Fernsehprogrammen. In den letzten Jahren hat sich das Gesicht der **Medienlandschaft** mit der Einführung des digitalen Fernsehens verändert. Dem deutschen Zuschauer stehen folglich immer mehr Programme zur Auswahl. Die Fernsehsender lassen sich in zwei Gruppen teilen.

Die erste Gruppe bildet **der öffentlich-rechtliche Rundfunk**. Hauptvertreter dieser Gruppe sind die ARD und das ZDF, die gemeinsam andere Programme verbreiten, so z.B. das Dokumentations- und Ereignisprogramm PHOENIX, den Kinderkanal (KiKa), den Kultur- und Informationskanal 3Sat. Dazu kommen noch viele Landesrundfunkanstalten: der Bayerische Rundfunk (BR), der Westdeutsche Rundfunk (WDR) oder der Norddeutsche Rundfunk (NDR) u.a., die von einer starken regionalen Identität geprägt sind. Diese Programme werden überwiegend mit **Rundfunkgebühren** finanziert.

Besonders beliebt bei den Öffentlich-Rechtlichen sind die Nachrichten. In Sachen Information sind sie unangefochten Marktführer. In den ARD-Programmen nehmen die Bereiche Information und Bildung mehr als 40% der Gesamtsendezeit in Anspruch. Trotz der andauernden Frage der journalistischen Unabhängigkeit ihrer Mitarbeiter zeichnen sich die Öffentlich-Rechtlichen durch Ausführlichkeit, Sachlichkeit und Gründlichkeit in der Berichterstattung aus.

Zur zweiten Gruppe gehören die privaten Fernsehsender. In dieser Gruppe herrschen zwei Medienkonzerne – RTL Group und ProSiebenSat1 –, denen verschiedene Sender gehören. So befindet sich die Bertelsmann-Tochtergesellschaft im Besitz von RTL2, Super RTL oder VOX, während Sat.1, Pro7 oder N24 Eigentum vom Konzern des amerikanischen Produzenten Haim Saban sind. Im Gegensatz zum öffentlich-rechtlichen Rundfunk finanzieren sich die **Privatsender** ausschließlich durch die Einnahmen der Werbung. Deswegen bieten sie vorwiegend **Unterhaltung**, die ihnen Rekordquoten beschert.

Die privaten Veranstalter, die aus der Geldquelle der Rundfunkgebühren nicht schöpfen können, nennen sich gern „Free-TV-Programme", weil der Zuschauer sich ihre Sendungen kostenlos anschauen darf. Unter den Privatsendern **nimmt** Premiere **eine Sonderstellung ein**. Um das aus exklusiven Hollywood-Filmen und Live-Übertragungen bedeutender Sportereignisse bestehende Angebot zu genießen, ist der Zuschauer dieses Pay-TV-Programms auf ein kostenpflichtiges Abonnement angewiesen.

Im deutschen Fernsehen werden alle Bevölkerungsgruppen mit spezialisierten Fernsehveranstaltern angesprochen. Viva und Viva 2 sorgen für die musikalische Unterhaltung der Jugendlichen. Sportfreaks können sich an Sportereignissen im DSF und in Eurosport nicht satt sehen. Für die Info-Fans berichten n-tv, N24 und ZDF info **rund um die Uhr** umfangreich über das Tagesgeschehen. Und wer sich für Kultur interessiert, braucht nur 3Sat, ZDF theater oder ZDF doku einzuschalten.

PRESSESPIEGEL

Das, was die Branche heute „*AccessPrimetime*" nennt, also die Sendezeit zwischen sieben und acht Uhr abends, war 1992 fest in der Hand von Sat. 1. Ein großer strategischer Nachteil für RTL, wie der Senderchef Helmut Thoma wußte. Denn wer es geschafft hat, seine Zuschauer vor der „Tagesschau" ins eigene Programm zu locken, hat den Quotenkampf am Abend schon fast für sich entschieden.

Frankfurter Allgemeine Zeitung

NACHRICHTENMÜDE JUGENDLICHE

Rund 30 Prozent der Fernsehzuschauer werden von Nachrichtensendungen überhaupt nicht erreicht. „Nachrichten-Vermeider" nennt der Medienforscher Georg Ruhrmann diese Gruppe in einer aktuellen Studie. Besonders auffällig sei, dass immer mehr junge Leute lieber Unterhaltungssendungen sähen, als sich über **das Tagesgeschehen** zu informieren.

TV Today

DIE MUTTER ALLER NACHRICHTENSENDUNGEN

Schlag 20 Uhr ist „Tagesschau"-Zeit im deutschen Fernsehen – und das schon seit 50 Jahren: Noch immer läutet die „Mutter aller Nachrichtensendungen" **hierzulande** für rund zehn Millionen Deutsche den Feierabend ein. Zwar verfolgen längst nicht mehr so viele Zuschauer wie einst die Nachrichtensendung im Ersten, als das ARD-Flaggschiff weit mehr als die Hälfte aller TV-Haushalte vor dem Bildschirm versammelte. Auch werden die „Tagesschau"-Sprecher wohl kaum noch für Regierungssprecher gehalten.

Stern

Der scheinbar unerschütterliche Trend zum Infotainment, zur unterschiedslosen Mischung aus Information und Unterhaltung, führt bei einigen Fernsehmachern inzwischen sogar zu dem offenen Bekenntnis, dass Qualität überhaupt keine Rolle mehr spiele: „Gut und schlecht gibt es für mich nicht", sagte RTL-Moderatorin Sonja Zietlow dem *Stern*. „Ich finde, alles hat seine Daseinsberechtigung, solange die Leute sich dafür interessieren."

SpiegelOnline

Trotz der Misere seines Unterhaltungsprogramms, einer faden Kopie der privaten Konkurrenz, ist das deutsche Gebührenfernsehen noch immer eine ansehnliche Veranstaltung, vergleicht man es zum Beispiel mit dem Fernsehen in Frankreich. Die politischen Magazine hierzulande **nehmen kein Blatt vor den Mund**. Außerdem existiert Phoenix, ein Spartenkanal, der sich ausschließlich dem politischen Geschehen der Republik widmet.

Die Zeit

RTL bindet mit „Gute Zeiten, schlechte Zeiten" werktäglich zwischen 19.40 Uhr und 20.15 Uhr jeden vierten Fernsehzuschauer an sich, in der **Kernzielgruppe** der Vierzehn- bis Neunzehnjährigen liegt der **Marktanteil** sogar bei vierzig Prozent. Zwanzig Jahre nach Einführung des Privatfernsehens ist RTL der einzige deutsche Privatsender, der Gewinne macht.

Frankfurter Allgemeine Zeitung

PRESSESPIEGEL

DEUTSCHLAND SCHAUT GLOBAL-TV

Die Welt ist ein Dorf oder besser: eine Fernsehstube. Von Chile bis China trinken alle dieselbe Cola und schauen dasselbe Fernsehen. Urheber und Distribuenten des universellen *TV-Entertainments* sind weltweit operierende *Networks* mit Namen wie Celador, Granada, Fremantle oder Endemol. Bei ihnen decken sich die nationalen Fernsehstationen mit Konzepten und Lizenzen ein.

TV Spielfilm

TRÄNEN UND TALENTE

Tatsächlich stehen die Chancen, über kurz oder lang auf dem **Bildschirm** zu landen, derzeit hervorragend: Die Bildermaschine Fernsehen braucht ebenso dringend wie dauernd Nachschub. Und die Zugangsvoraussetzungen sind so niedrig wie nie.

Der Spiegel

Eine Umfrage des Forsa-Instituts für den *Stern* ergab, dass zwei Drittel der Deutschen zufrieden sind mit dem, was die Öffentlich-Rechtlichen ihnen zeigen. Emnid ermittelte, dass ARD und ZDF bei Politikern, Managern und Journalisten weiterhin immensen Vorsprung vor den Privaten haben, wenn es darum geht, wer „qualitativ anspruchsvoll, ausführlich, seriös und glaubwürdig" ist.

Die Zeit

„ICH BIN WICHTIG"

Die Quiz- und Castingwelle verebbt, jetzt füllen Doku-Soaps über Durchschnittsdeutsche die TV-Programme. Sendungen über Schwangerschaft, Hausbau, Putz- und Gartenarbeit sind billig und beliebt – und **setzen auf** konservative Werte: Familie, Ordnung und Sauberkeit.

Der Spiegel

TOP-FILME FÜRS TV

Hollywood-Blockbuster im TV haben in der Mehrzahl aller Fälle deutlich weniger Zuschauer als eine deutsche TV-Eigenproduktion. Zum Vergleich: *„Erin Brockovich"*, die erfolgreichste *US-Free-TV-Premiere* des Jahres 2003, sahen bei RTL 7,96 Millionen, die zweitbeste Quote hatte das ZDF mit *„Chocolat"*: 7,67 Millionen. Ein durchschnittlicher ARD-„Tatort" bringt es auf neun Millionen.

TV Spielfilm

GEWINN MIT UNSINN

Für seltsame Show-Ideen ist der Münchner Sender 9-Live hinlänglich bekannt. Jetzt schlägt Deutschlands erster Quizsender ein neues Kapitel der sinnfreien Unterhaltung auf: In der Show „Hands auf Auto" kann einer von 20 Kandidaten ein Auto gewinnen. Die Spielregel ist simpel: Wer am längsten seine Hand aufs Auto legt, nimmt die Karre am Ende mit nach Hause.

TV Spielfilm

THÈME

1. La concurrence est rude entre les chaînes publiques financées par la redevance audiovisuelle et les chaînes privées dépendantes de la publicité.
2. Les chaînes privées cherchent à atteindre des records d'audience en diffusant des émissions de télé-réalité qui ont fait leurs preuves dans le monde entier. Ces émissions diffusées en *prime-time* rassemblent un large public et garantissent de confortables revenus publicitaires.
3. Le financement par la publicité soumet les chaînes privées à la pression de l'audimat.
4. On craint toujours que les hommes politiques n'usent de leur pouvoir pour influencer le contenu politique des chaînes publiques.
5. On sait bien que les larmes tirent l'audimat vers le haut.
6. Les hommes politiques soucieux de leur image de marque aiment à se montrer dans les *talk-shows*.
7. Les enfants qui regardent trop de films violents peuvent souffrir de graves troubles psychiques. C'est pourquoi le contrôle parental est indispensable.
8. S'assurer les droits de retransmission d'événements sportifs majeurs nécessite d'importantes sommes d'argent. Les spots publicitaires diffusés durant la retransmission sont censés couvrir ces frais élevés.
9. Les enfants sont on ne peut mieux servis avec les programmes de la télévision allemande. Les émissions à destination des enfants vont des dessins animés sur Super RTL aux magazines éducatifs d'ARD en passant par les films pour enfants sur KiKa.

VERSION

1. Die tägliche Sehdauer der Bundesbürger lag 2002 mit drei Stunden und 21 Minuten um neun Minuten höher als im Vorjahr. Die Erhöhung ging vor allem auf das Konto der erwachsenen Zuschauer, die im Schnitt zehn Minuten länger fernsahen, während der Fernsehkonsum der Kinder um eine Minute abnahm.
2. Die Tagesschau, die älteste und nach wie vor meistgesehene Nachrichtensendung des deutschsprachigen Fernsehens, bietet jeden Abend einen Überblick über den neuesten Stand der Aktualitäten sowohl im In- wie auch im Ausland.
3. Es stellt sich die Frage, ob die Medienkonzentration eigentlich keine Gefahr für die Meinungsvielfalt und daher für die Demokratie darstellt.
4. Im Gegensatz zum kommerziellen Rundfunk bietet der Offene Kanal den Bürgern die Möglichkeit, **sich** aktiv **am** gesellschaftlichen Leben der Stadt zu **beteiligen**.
5. Mit dem Einzug des *Reality-TV* entbrannten endlose Streitgespräche über die Verletzung der Menschenwürde ahnungsloser Kandidaten.
6. Um ihre Warholsche 15-minütige Berühmtheit zu erlangen, **lassen sich** *Reality-Shows–*Teilnehmer **zum Affen machen**.
7. Die Fernsehsender haben nur eins im Kopf: das Zappen der Zuschauer in den nächsten Kanal verhindern.
8. Derzeit hoch im Kurs sind die Gewinnspiele, bei denen die Zuschauer mit einer SMS Geld gewinnen können.
9. Die ARD richtet sich an alle, auch an ältere Zuschauer, die von den Privatsendern **links liegen gelassen** werden, weil sie nicht zu den werberelevanten Zielgruppen gehören.

1. Es herrscht eine harte Konkurrenz zwischen den durch Rundfunkgebühren finanzierten öffentlich-rechtlichen Sendern und den von der Werbung abhängigen Privatsendern.
2. Mit weltweit erprobten *Reality-Shows* bemühen sich die Privatsender, Spitzenwerte bei der **Einschaltquote** zu erreichen. Diese in der Prime Time ausgestrahlten Sendungen scharen ein breites Publikum um sich und sorgen für hohe Werbeeinnahmen.
3. Die Werbefinanzierung **setzt** die Privatsender **unter Quotendruck**.
4. Immer wieder wird gefürchtet, dass Politiker ihre Macht missbrauchen, um **Einfluss auf** die politischen Inhalte in den öffentlich-rechtlichen Anstalten **auszuüben**.
5. Tränen bringen bekanntlich die Einschaltquote nach oben.
6. Die **um** ihr Image **besorgten** Politiker lassen sich gern in den *Talk-Shows* sehen.
7. Kinder, die sich zu viele Gewaltfilme ansehen, können an folgenschweren psychischen Störungen leiden. Daher ist die Elternkontrolle unumgänglich.
8. Die Sicherung der **Übertragungsrechte** großer Sportereignisse verlangt beträchtliche Geldsummen. Die im Laufe der Übertragung gesendeten Werbespots sollen die aufwendigen Kosten decken.
9. Kinder sind mit dem Programm im deutschen Fernsehen bestens versorgt. Die kinderfreundlichen Sendungen reichen von Zeichentrickserien im Super RTL über Kinderfilme im KiKa bis zu Aufklärungsmagazinen der ARD.

---

1. En 2002, le temps passé chaque jour devant la télévision par les Allemands était supérieur de 9 minutes à celui de l'année précédente avec 3 heures et 21 minutes. Cette augmentation était principalement à mettre sur le compte des téléspectateurs adultes qui ont regardé la télévision pendant en moyenne 10 minutes de plus, tandis que la consommation télévisuelle des enfants diminuait d'une minute.
2. Le *Tagesschau*, l'émission d'information la plus ancienne et aujourd'hui encore la plus regardée du paysage audiovisuel germanophone offre chaque soir un résumé complet de l'actualité la plus récente tant au niveau national qu'international.
3. On peut se poser la question de savoir si la concentration des médias ne représente pas un danger pour la diversité des points de vue et par conséquent pour la démocratie.
4. Contrairement aux médias commerciaux, les chaînes de télévision locales offrent aux citoyens la possibilité de participer activement à la vie sociale de la ville.
5. L'arrivée de la télé-réalité a provoqué l'éclatement d'interminables controverses sur le non-respect de la dignité humaine de candidats innocents.
6. Pour accéder aux 15 minutes de célébrité promises par Andy Warhol, les participants aux émissions de télé-réalité se laissent tourner en ridicule.
7. Les chaînes de télévision n'ont qu'une chose en tête : éviter que les téléspectateurs ne zappent sur une autre chaîne.
8. Les jeux où les téléspectateurs peuvent gagner de l'argent en envoyant un SMS sont très en vogue actuellement.
9. ARD s'adresse à tous les téléspectateurs, y compris aux plus âgés qui sont laissés de côté par les chaînes privées parce qu'ils ne font pas partie du cœur de cible des publicitaires.

WORTSCHATZ

auf etw. (+ A) setzen	*miser sur qch.*
Bildschirm (der)	*l'écran*
eine Sonderstellung ein/nehmen	*occuper une place à part*
Einfluss auf jdn. aus/üben	*exercer de l'influence sur qn*
Einschaltquote(n) (die)	*le taux d'audience*
etw. (+ D) Platz ein/räumen	*faire de la place à qch.*
für etw. (+ A) Verantwortung tragen	*être responsable de qch.*
Grenzen setzen	*fixer des limites*
hierzulande	*(ici) en Allemagne*
jdn./etw. (+ A) links liegen lassen	*laisser qn./qch. de côté*
kein Blatt vor den Mund nehmen	*ne pas pratiquer la langue de bois*
Kernzielgruppe (die)	*le cœur de cible*
Marktanteil(e) (der)	*la part de marché*
Medienlandschaft (die)	*le paysage audio-visuel*
Medienwirbel (der)	*le tourbillon médiatique*
Meinungsbildung (die)	*la formation de l'opinion*
öffentlich-rechtliche Rundfunk (der)	*l'audio-visuel public*
Privatsender (der)	*la chaîne privée*
Rundfunkgebühren (die) (pl.)	*la redevance audiovisuelle*
rund um die Uhr	*24 heures sur 24*
Satellitenschüssel (die)/Schüssel (die)	*l'antenne satellite*
sich an etw. (+ D) beteiligen	*participer à qch.*
sich zum Affen machen lassen	*se laisser tourner en ridicule*
Staffel (die)	*la saison (d'un programme)*
Tagesgeschehen (das)	*l'actualité du jour*
Übertragungsrechte (die) (pl.)	*les droits de retransmission*
um etw. (+ A) besorgt sein	*être soucieux de qch.*
Unterhaltung (die)	*le divertissement*
unter Quotendruck setzen	*soumettre à la pression de l'audimat*
vor nichts zurück/schrecken	*ne reculer devant rien*
Zeitverschwendung (die)	*la perte de temps*
zu etw. (+ D) zählen	*compter parmi qch.*
Zuschauer(-) (der)	*le téléspectateur*
der Zweck heiligt die Mittel	*la fin justifie les moyens*

WICHTIGE DATEN

Die Geschichte des Fernsehens in Deutschland

1950	Gründung der Arbeitsgemeinschaft der öffentlich-rechtlichen Rundfunkanstalten der Bundesrepublik Deutschland (ARD).
1952	Die „Tagesschau" erlebt ihre Premiere. Zunächst gibt es sie nur dreimal in der Woche zu sehen. Heute ist sie zur Informationsquelle Nummer eins der Deutschen geworden.
1954	Die deutschen **Zuschauer** können das sogenannte „Wunder von Bern" live erleben, nämlich den Sieg der deutschen Nationalelf bei der Fußball-Weltmeisterschaft in der Schweiz.
1963	Das ZDF strahlt sein erstes Programm aus.
1967	Anlässlich der Internationalen Funkausstellung in Berlin startet das Farbfernsehen in Deutschland.
1974	Oberinspektor Stephan Derrick erscheint zum ersten Mal im ZDF. Mit 281 Folgen **zählt** dieser Fernseh-Krimi **zu** den erfolgreichsten des deutschen Fernsehens.
1984	Als erste private Programme erscheinen Sat1 und RTL auf den **Bildschirmen**.
1992	Als Ergebnis einer engen deutsch-französischen Zusammenarbeit geht der europäische Kulturkanal ARTE auf Sendung.
2000	RTL II strahlt die erste **Staffel** der *Reality-Show „Big Brother"* aus und sorgt damit für einen riesigen **Medienwirbel**.
2003	Die Kindersendung „Sesamstraße" feiert das 30-jährige Jubiläum.

ZUM NACHDENKEN

☞ **Die Rolle des Fernsehens in der Meinungsbildung**

Das Fernsehen spielt tatsächlich eine nicht zu unterschätzende Rolle in der **Meinungsbildung** der Zuschauer. Wenn man bedenkt, dass ein erwachsener Zuschauer im Durchschnitt täglich über drei Stunden vor dem Fernseher sitzt, sieht man schon die Bedeutung dieses Mediums.

Fernsehen gehört zu den beliebtesten Freizeitbeschäftigungen der Menschen. Ist das bloß **Zeitverschwendung**? *Oder* doch ein gutes Mittel, sich zu informieren und zu unterhalten?

Angesichts der vielen Sender sollte man von einer Meinungsvielfalt ausgehen können. Und es stimmt auch, dass die verschiedensten Ansichten im Fernsehen vertreten werden. Aber die meisten Privatsender gehören nur zwei großen Medienkonzernen. Bildet die Medienkonzentration keine Gefahr? *Oder* wollen die Konzerne eigentlich nicht vorrangig ihre eigenen Interessen vertreten?

Worin besteht eigentlich die Rolle des Fernsehens? Sollte es die Meinung der Zuschauer bilden *oder* widerspiegeln?

Ist die Angst vor Manipulationsversuchen der Zuschauer begründet? *Oder* stehen Selbstkontrolle und Konkurrenz nicht als Garant?

☞ **Unterhaltung statt Bildung**

Die öffentlich-rechtlichen Fernsehveranstalter sind dazu verpflichtet, Bildungsprogramme auszustrahlen. Ihnen wird aber immer wieder vorgeworfen, diesen Bildungsauftrag aufgegeben zu haben und die Programme der privaten Konkurrenten nachzuahmen. Haben sie Recht, sich um die Gunst der Zuschauer zu bemühen? *Oder* sollten sie ihre eigene Identität bewahren?

Im Fernsehen wird der Unterhaltung immer mehr **Platz eingeräumt**. Der Bereich der Nachrichten bringt das Phänomen bestens ans Licht. Die Informationen stehen unter dem Einfluss des Entertainments und entwickeln sich zu einem neuen Konzept, zum sog. „Infotainment". Darf weiterhin von Nachrichten die Rede sein? *Oder* ist das doch kein geeignetes Mittel, die Zuschauer wieder für Information zu interessieren?

Dauernd wird beklagt, dass die Menschen immer weniger Interesse an Politik haben. Dennoch sind Politiker auf dem Bildschirm ständig zu sehen. Aber das Fernsehen bietet oft skurrile Unterhaltung. Ist es deswegen an der Entpolitisierung der Gesellschaft schuld? *Oder* **tragen** Politiker nicht auch teilweise **Verantwortung dafür**, indem sie sich vor grotesken Situationen bei Fernsehauftritten nicht scheuen?

☞ **Die Jagd nach Quote**

Wegen der harten Konkurrenz der anderen Sender stehen die Privaten wie die Öffentlich-Rechtlichen unter dem Druck, die bestmögliche Einschaltquote zu erreichen. Um ihr Ziel zu erreichen, scheinen sie vor **keinem** Format **zurückzuschrecken**. Mit dem *Reality-TV* wurden Grenzen überschritten. Wie weit darf es weitergehen? Können moralische **Grenzen gesetzt** werden?

Als Quotengarantie besonders beliebt sind die Themen Sex und Gewalt. Weil **der Zweck die Mittel heiligt**, sollte alles erlaubt sein. *Oder* sind strengere Regeln notwendig, die Kinder schützen sollen?

DIE BERLINER MAUER
LE MUR DE BERLIN

FAKTEN

Berlin ist ein Symbol für den kalten Krieg in Europa. Hier begann er 1948 mit der **Blockade** und endete 40 Jahre später. Zwei Ereignisse, ein tragisches und ein freudiges, kennzeichnen zwei **Höhepunkte** dieser Zeit: der Bau der Berliner Mauer am 13. August 1961 und ihr Fall am 9. November 1989.

Am Ende des zweiten Weltkrieges wurde Deutschland von den Alliierten in vier Zonen **aufgeteilt**. Zwei neue Staaten wurden so **gebildet**: die Deutsche Demokratische Republik (DDR) und die Bundesrepublik Deutschland (BRD). Der **Ausbau** der Grenzanlagen **gipfelte** 1961 im Bau der Mauer, die Berlin teilte. Besuche und Kommunikation wurden so gut wie unmöglich. Stein und Stacheldraht wurde zum Alltag der Berliner.

Im Dezember 1963 gelang es dem Berliner Senat, mit den ostdeutschen Behörden eine Art Passierschein-Regelung zu **vereinbaren**, die es West-Berlinern ermöglichte, ihre Verwandten und Freunde über die Weihnachtsfeiertage zu besuchen. Bis 1966 kamen weitere Regelungen zustande. Danach wurden lediglich **Sondergenehmigungen** in dringenden **Familienangelegenheiten**, wie Geburt, Sterbefall erteilt. Ab November 1964 durften ostdeutsche Rentner zu ihren Verwandten in die Bundesrepublik ausreisen. Und so bestand der Großteil der Ostdeutschen, die zwischen 1961 und 1988 legal in die Bundesrepublik ausreisen durften, hauptsächlich aus Rentnern.

Im Juni 1968 wurde für Reisende eine Paß- und Visumpflicht **eingeführt**, was zu sehr langen **Warteschlangen** an den Grenzkontrollen führte.

Der Fall der Mauer war vorauszusehen, da Michail Gorbatschow sein Land vor dem **Zusammenbruch** bewahren wollte. Moskau hatte nicht mehr die **Absicht** und den Willen, die demokratischen **Umwandlungen** in ihren Satellitenstaaten gewaltsam zu verhindern. Das bedeutete über kurz oder lang den **Untergang** der DDR, deren **Existenzberechtigung** rein ideologisch begründet war.

Bereits am 2. Mai begann Ungarn, den **Eisernen Vorhang abzubauen**, und am 11. September öffnete es seine Grenzen nach Österreich. Diese Maßnahmen führten zu einer **Massenflucht** von DDR-Bürgern. Andere suchten in den **Botschaften** der Bundesrepublik in Prag und Warschau Zuflucht.

Am 7. Oktober feierte die DDR den 40. Jahrestag ihres **Bestehens**, aber die Feierlichkeiten gerieten nur zu Protestaktionen gegen das Regime, mehr als 1 000 Demonstranten wurden **verhaftet**.

Nach 38 Jahren gab die DDR-Regierung am 9. November 1989 die Öffnung zum Westen bekannt. **Auslöser** war also die Massenflucht der DDR-Bürger unter dem Motto „Wir sind das Volk". Am selben Abend noch wurde die Mauer **durchbrochen**, keiner wollte die Mauer mehr. Ostdeutsche und Westdeutsche feierten jubelnd die Wiedervereinigung.

PRESSESPIEGEL

Im Mai 1989 wurden die Grenzen Ungarns zu Österreich geöffnet. Was als symbolische Geste gedacht war, entwickelte sich rasch zu einer unerwarteten Eigendynamik. Es kam zu den ersten Demonstrationen und Massenprotesten. Ungarn ließ ab September die ostdeutschen **Flüchtlinge** ungehindert ausreisen.

„Ursprung Punkszene" von M. Bettendorf

Zehn Jahre nach dem Mauerfall eröffnet im Haus Bernauer ein Dokumentationzentrum. In einer Dauerausstellung werden die Geschichten der Berliner Mauer seit ihrer Errichtung 1961 mit den verschiedenen Ausbaustufen, die Fluchten sowie der Widerstand gegen die Mauer dargestellt. Die **Ausstellung** zeigt die verschiedenen Fluchtversuche von Ost nach West.

Berliner Zeitung

Auf der westlichen Seite konnte man tun, was man wollte. Künstler nutzten diese Freiheit, die Mauer dieser Seite zu bemalen. Zwischen August 1961 und dem **Abriss** am 9. November 1989 haben sie auf ihrer Seite aus der Mauer ein Kunstwerk gemacht. Auf der östlichen Seite gab es nur nackten Beton. Die DDR-Bürger hatten schon lange mit dem **Überwachungssystem** gelebt und gelernt, wie man die Macht des Staates hintergehen konnte, und so wurde die Mauer trotzdem auf der DDR-Seite bemalt.

„Ursprung Punkszene" von M. Bettendorf

In der Nacht vom 9. zum 10. November fiel die Berliner Mauer. Für Walter Momper, damaliger Bürgermeister, „ein großes Geschenk für unser Land".

Berliner Zeitung

In der Gegend um die Berliner Gethsemanekirche wird demonstriert. Sicherheitskräfte nehmen über 1 000 Personen fest. An den **Zuführungsorten** kommt es zu Gewaltszenen. In Dresden werden am Vormittag einige tausend Demonstranten von Sicherheitsorganen **eingekesselt**. Zwei katholische Kapläne **verhandeln** mit der Polizei.

Berliner Zeitung

Tausende von Ost- und Westberliner durchbrachen am späten Abend die **Grenzübergänge**. Mit der Eroberung der Mauer hatten die Berliner die **Macht** übernommen.

„Ursprung Punkszene" von M. Bettendorf

Am 9. Oktober 1989 rief die Opposition in Leipzig zu einer Massendemonstration auf. 70 000 Menschen versammelten sich zu einem Zug durch die Leipziger Innenstadt. Die Staatsmacht kapitulierte vor der friedlichen Demonstration.

*„Ursprung Punkszene" von M. Bettendorf

Ein Stück Mauer wird gepflegt, die East Side Gallery wird saniert. 300 Meter des Denkmals sollen bis zum Sommer erneuert sein.
„Wenn da nicht Kunst drauf wäre, fände ich es makabar", sagt Peter Martin.

Berliner Zeitung

*Mit freundlicher Genehmigung der Autorin.

PRESSESPIEGEL

Die Ausreisewelle aus der DDR schwoll unaufhörlich an. Die Ankündigung eines neuen Reisegesetzes am 6. November 1989 durch die Regierung erntete nichts als Kritik. Die Demonstranten auf der Straße skandierten: „Zu spät" und „die Mauer muss weg".

Der Stern

Zehn Jahre nach dem Fall der Mauer hat Berlin noch immer ein Problem mit dem Umgang der verbliebenen Mauerteile in der Stadt. Nur wenige Stücke blieben erhalten und erst im April 1999 riss der Berliner Senat Teile der Berliner Mauer am Potsdamer Platz ab.

Die Berliner Mauer online

Die Berliner Mauer, 1961 erbaut, ist das bedeutendste Symbol des bis 1989 geteilten Deutschland. Dennoch wurde sie in den vergangenen Jahren Stück für Stück aus dem Stadtbild verbannt. Mauerteile wurden abgebaut und in die ganze Welt verkauft. Nur noch wenige, schwer zu findende Abschnitte und Stücke erinnern an die Dimension dieses politischen Bauwerkes.

Die Berliner Mauer online

Von der DDR in die Bundesrepublik flüchteten seit 1949 etwa zwei Millionen Menschen, von der Bundesrepublik in die DDR etwa 200 000. Die Berliner Mauer als Teil der Grenzanlage wurde zum Symbol der Unmenschlichkeit des autoritären Regimes in der DDR. Als es am 9. November 1989 zur Öffnung der Grenze kam, setzte sich die Bezeichnung „Mauerfall" durch.

Vitamin

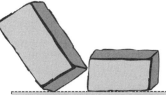

So aber machten sich umgehend Ostberliner zu den Grenzübergängen der geteilten Stadt, wo die Verwirrung groß war; die Grenzposten hatten keinerlei Anweisungen erhalten. Hilflos mussten die Beamten dem Druck der Masse nachgeben und die Grenzen freigeben. Die Mauer war gefallen. In dieser Nacht waren die Deutschen „das glücklichste Volk der Welt".

Der Stern

Die Mauer bedeutete eine existentielle Grundtatsache des Lebens in der DDR. Das Bewusstsein, im Käfig zu leben und ihn nach menschlichem Ermessen niemals verlassen zu können, prägte den Alltag, die Mentalität der Bürger und ihr Verhältnis zur Staatsmacht. Die Sperranlagen absorbierten einen guten Teil der Phantasie und der Kreativität der Untertanen.

ddr-im-www

Viele frühere DDR-Bürger haben schnell vergessen, wie sehr sie sich über die neue Freiheit gefreut hatten. Fast schien es ihnen später peinlich zu sein. Natürlich bin ich froh darüber, dass die unnatürliche Teilung Deutschlands beendet ist. Die Zeit nach dem Mauerfall war prickelnd und aufregend. Die Deutschen in Ost und West haben sich gefreut. Heute nörgeln sie nur noch.

Vitamin

THÈME

1. À Berlin-Est, le 9 novembre 1989, peu après 19 heures, l'agence de presse annonce la décision, avec effet immédiat, de délivrer des autorisations de sortie du territoire.
2. Le même soir les Berlinois ont vaincu le mur qui les séparaient.
3. À la surprise générale, l'Allemagne a surmonté les difficultés de la réunification en très peu de temps.
4. Bien que le gouvernement ait pris des mesures très dures, l'exode ne s'est pas arrêté.
5. Le premier anniversaire donne lieu à l'Ouest à de violentes manifestations qui durent plusieurs jours.
6. Au fil des années, le mur est perfectionné et devient de plus en plus infranchissable. Il est au total remanié à quatre reprises.
7. Ils étaient nombreux à vouloir prendre la fuite.
8. Erich Honecker assiste le 7 octobre aux festivités du quarantième anniversaire de la RDA, mais, sous la pression de la rue et des communistes réformateurs et opportunistes, il est contraint le 18 octobre de se retirer.
9. John Fitzgerald Kennedy, lors d'une visite à Berlin prononçait ces mots : « Tous les hommes libres sont citoyens de Berlin, et pour cette raison en tant qu'homme libre je suis fier de déclarer : Je suis un Berlinois. »

VERSION

1. Mit dem Mauerbau am 13. August 1961 wurde Ost-Berlin brutal von dem westlichen Berlin abgetrennt.
2. Im Jahr 1961 hatten 125 053 Menschen die DDR verlassen, insgesamt waren es seit der Gründung der DDR etwa 2,7 Millionen Menschen.
3. Der Entschluss Deutschland wiederzuvereinigen, wurde von allen Deutschen mit großer Erleichterung begrüßt.
4. Die ostdeutsche Regierung war für die wirtschaftliche Lage verantwortlich, denn die Leute waren unzufrieden.
5. Die armen und einfachen Leute hielten die Mauer für ein Unglück, während die Bessergestellten sich keine Gedanken machten, obwohl sie der Folgen viel eher hätten klarwerden können.
6. Die Regierung versuchte mit Gewalt zu erreichen, was sie durch Überzeugungskraft nicht hat erreichen können.
7. Die Polizei hatte alle Hände voll zu tun, um die Ordnung aufrechtzuerhalten, aber ohne Erfolg.
8. Von der Berliner Mauer ist nur wenig übbrig geblieben.
9. Die Reiseerlaubnisse zwischen der DDR und der BRD war in Kraft getreten, aber sie hat die Situation nur verschlimmert.
10. Willy Brandt, inzwischen Bundeskanzler, leitete eine neue Ostpolitik ein, die auf innerdeutsche Entspannung hinzielte. Dies führte zum **Abschluss** mehrerer Abkommen, welche zur Stabilisierung der Lage beitrugen.

1. Am 9. November 1989 kurz nach 19 Uhr, kündigte die Presseagentur in Ost-Berlin die Anordnung an, Reisegenehmigungen mit sofortigem Effekt zu erteilen.
2. Am selben Abend haben die Berliner die Mauer, die sie trennte, besiegt.
3. Zur allgemeinen Überraschung hat Deutschland seine Schwierigkeiten der Wiedervereinigung in sehr kurzer Zeit überwunden.
4. Obwohl die Regierung harte Maßnahmen getroffen hat, hörte die Massenflucht nicht auf.
5. Anläßlich des einjährigen Bestehens der Mauer fanden in West-Berlin heftige Demonstrationen statt, die mehrere Tage dauerten.
6. Im Laufe der Jahre wurde die Mauer immer perfekter ausgebaut und damit zu einem immer unüberwindbareren Hindernis. Insgesamt wurde sie viermal verändert.
7. Viele wollten die Flucht ergreifen.
8. Am 7. Oktober nahm Erich Honecker an den Feierlichkeiten zum 40. Jahrestag der DDR teil, war dann aber unter dem Druck der Straße, reformwilliger und opportunistischer Kommunisten am 18. Oktober gezwungen, von seinen Ämtern zurückzutreten.
9. John Fitzgerald Kennedy äußerte sich in Berlin, indem er sagte: „Alle freien Menschen sind Bürger von Berlin, und deshalb bin ich als freier Mann stolz darauf, sagen zu können: Ich bin ein Berliner".

---

1. Le 13 août 1961, Berlin-Est a brutalement été séparé de Berlin-Ouest par la construction du mur.
2. Sur un total de 2,7 millions de personnes ayant fui l'Allemagne de l'Est depuis sa création en 1949, 125 053 l'ont fait en 1961.
3. La décision de réunifier l'Allemagne fut saluée avec un grand soulagement par tous les Allemands.
4. Le gouvernement de l'Allemagne de l'Est était responsable de la situation économique, car les gens n'étaient pas satisfaits.
5. Les gens pauvres et simples pensaient que le mur était un grand malheur, tandis que les nantis ne se faisaient pas de soucis, bien que ce soient eux justement qui aient été dans la position de prévoir les conséquences.
6. Le gouvernement essaie d'obtenir par la force ce qu'il n'a pas pu obtenir par la persuasion.
7. La police ne savait plus où donner de la tête pour maintenir l'ordre, mais sans résultat.
8. Il n'est resté que peu de chose du mur de Berlin.
9. La permission de voyager librement entre la RDA et la RFA est entrée en vigueur, mais elle n'a fait qu'aggraver la situation.
10. Devenu chancelier, Willy Brandt met en œuvre une nouvelle politique à l'Est destinée à apaiser les tensions interallemandes. Il s'ensuit une série d'accords qui stabilise la situation.

WORTSCHATZ

ab/bauen	défaire
Abschluss(¨e) (der)	la conclusion
Abkommen (das)	l'accord
Abriss(e) (der)	la démolition
Absicht(en) (die)	l'intention
Angelegenheit(en) (die)	l'affaire
auf/teilen in (+ D)	démembrer
Ausbau (der)	l'achèvement
Ausstellung(en) (die)	l'exposition
Auslöser (der)	le déclencheur
Bestehen (das)	l'existence
bilden	créer
Blockade(n) (die)	le blocus
Botschaft(en) (die)	l'ambassade
Bürgermeister(-) (der)	le maire, le bourgmestre
Demonstration(en) (die)	la manifestation
durch/brechen (a, o)	percer, enfoncer
Durchbruch (der)	le percement, la rupture
ein/führen	introduire, instaurer
Eingreifen (das)	l'intervention
ein/kesseln ein/kreisen	encercler, cerner
ein/leiten	introduire, engager
Eiserne Vorhang (der)	le rideau de fer
Entspannung(en) (die)	la détente
Existensberechtigung (die)	le droit à l'existence
fliehen (o, o) / flüchten	fuir
Flüchtling(e) (der)	le réfugié
Grenzübergang(¨e) (der)	la frontière
gipfeln	parvenir à son apogée
Höhepunkt(e) (der)	l'apogée
Macht(¨e) (die)	le pouvoir
Machthaber (die)	les politiciens
Massenflucht(e) (die)	l'exode
pflegen	soigner
Sondergenehmigung(en) (die)	l'autorisation spéciale
Überwachungssystem(e) (das)	le système de surveillance
Umwandlung(en) (die)	le changement
Untergang(¨e) (der)	la chute, ruine
vereinbaren	convenir de
verhaften	arrêter
verhandeln	négocier
Warteschlange(n) (die)	la file d'attente
Zuführungsort(en) (der)	le point d'arrivée
Zusammenbruch (der)	la ruine, la faillite

WICHTIGE DATEN

1945	Berlin wird in 4 Sektoren aufgeteilt. Westberlin umfasst den amerikanischen, britischen und französischen Sektor, Ostberlin den sowjetischen Sektor. Die Berliner können sich zwischen den verschiedenen Sektoren frei bewegen.
1949	Die Spannungen zwischen Ost und West führen zur Gründung der beiden Staaten: Die Bundesrepublik Deutschland (BRD) und die Deutsche Demokratische Republik (DDR).
17.06.1953	Aufstand der ostdeutschen Bevölkerung gegen das DDR-Regime. Er wird von der sowjetischen Armee niedergeschlagen.
1953-1961	In der DDR sind die Leute immer mehr unzufrieden über die wirtschaftlichen und politischen Verhältnisse. Etwa 3 Millionen Menschen fliehen über Berlin in den Westen.
13.08.1961	Bau der Berliner Mauer. Sie soll den Strom der **Flüchtlinge** stoppen. Menschen, die versuchen zu **fliehen**, werden erschossen.
12.1963	Westberliner dürfen ihre Verwandten und Freunde in Ostberlin besuchen.
09.1964	DDR-Rentner können einmal im Jahr in der Bundesrepublik ihre Familie besuchen.
1970	Die Ostpolitik von Willy Brandt führt zu entspannteren Beziehungen zwischen der BRD und der DDR.
01.1989	Erich Honecker verkündet: „Die Mauer wird noch 100 Jahre stehen".
08.1989	**Massenflucht** von DDR-Bürgern über die ungarische Grenze.
04.09.1989	**Demonstration** in Leipzig gegen das Regime der DDR.
09.11.1989	Nach immer größeren Massendemonstrationen wird die Berliner Mauer jubelnd geöffnet.

ZUM NACHDENKEN

Debatten und Überlegungen über das Thema „Berliner Mauer"

- Hatte die Mauer überhaupt einen Sinn oder war es nur ein schlechter Alptraum?
- Sind die ehemaligen DDR-Bürger heute glücklicher oder ist das Leben für sie noch härter als vorher?
- War es berechtigt, Leute hinter einer Mauer einzusperren?
- Früher gab es in der DDR keine Arbeitslosen, heute sind viele arbeitslos, was ist der Grund dafür?
- Meinungsfreiheit, Reisefreiheit: hat man das Recht Menschen dieses zu verweigern?
- Der 3. Oktober ist als Tag der Deutschen Einheit zum Nationalfeiertag erklärt worden, aber viele Leute wissen nicht mal, was überhaupt gefeiert wird. Wie kann das möglich sein?
- Könnte solch eine Trennung eines Landes heutzutage möglich sein?
- „Mit der Eroberung der Mauer hatten die Berliner die Macht übernommen". Wie ist dieser Satz zu verstehen?
- „Wenn da nicht Kunst drauf wäre, fände ich es makaber". Was meint Peter Martin damit?
- Westlich war die Mauer bunt bemalt, östlich gab es nur Beton und Stacheldraht. Warum dieser Unterschied, was war die Ursache dafür?
- Kann man heute wirklich sagen, dass die Deutschen jetzt wieder ein einziges Volk sind?
- Ostalgie: Nostalgie. Warum gibt es so viele Leute, die die alte DDR einfach nicht vergessen können und wollen?
- Geschichte lebt weiter. Mit dem Film *„Good bye Lenin!"* werden uns Tatsachen gezeigt, die früher geheim gehalten wurden. Warum wollte die DDR-Regierung nicht, dass andere Länder erfuhren, wie es wirklich war?
- Heute ist es fast Mode, Produkte und Artikel aus der DDR zu sammeln. Kann man dieses wirklich als Mode bezeichnen?
- Manche Leute wünschten nicht unbedingt das Ende der DDR, sondern wollten nur eine andere Regierung und mehr Freiheit. Einige meinen sogar, dass es nicht so schlecht wäre, wenn die Mauer wieder aufgebaut würde. Wie kann man das erklären und verstehen. Gibt es bestimmte Gründe dafür?

DIE „BERLINER REPUBLIK"
LA « RÉPUBLIQUE DE BERLIN »

FAKTEN

1995 veröffentlichte der Journalist J. Gross ein Buch – die „Berliner Republik" – und führte somit diese Bezeichnung in die öffentliche Debatte ein. Nach dem Umzug der politischen Institutionen von Bonn nach Berlin, der neuen Hauptstadt, wurde die „Berliner Republik" zu einem Begriff, der im deutschen Feuilleton immer wieder auftauchte. Inwiefern ist er gerechtfertigt? Hat Deutschland wirklich ein neues Gesicht bekommen? Eine **umstrittene** Frage.

In politischer Hinsicht fällt diese Zeit mit der Wahl der ersten rot-grünen Koalition zusammen (1998). Der politische Wechsel ging mit einem Generationen-Wechsel einher. Zumeist ehemalige 68er, im Frieden Geborene, bevölkern nun die politische Vorderbühne, besetzen wichtige Schaltstellen und regieren zum ersten Mal das Land. In G. Schröders erste Legislaturperiode fällt der Wechsel nach Berlin, und viele Zeitgenossen, nicht zuletzt der zweite Mann im Staat, Joschka Fischer, kündigten das Ende der „Bonner Republik" an. In den ersten Jahren der neuen Koalition herrschte eine **Aufbruchsstimmung** und ein neuer Zeitgeist machte sich breit. C. Schlingensief ist es gelungen, in zwei Stücken (1999 *Berliner Republik*, 2002 *Rosebud*) beides einzufangen und dichterisch zu verarbeiten.

Aber trotz des vorlauten **Medienrummels**, der diese Änderungen begleitete, darf nicht vergessen werden, dass die neue Regierung das schwerwiegende und reformbedürftige Erbe der Ära Kohl (1982-1998) antreten sollte. Mit der hohen Arbeitslosenquote steht das Land schwer in der Krise. Die alten Rezepte taugen nicht mehr. Das Modell-Deutschland, das auf der Garantie von Teilhabe und Sicherheit für die Tätigen beruht, funktioniert nicht mehr. Der Sozialstaat ist für Massenarbeitslosigkeit und eine Gesellschaft mit wenig Kindern nicht geeignet. Deutschland steht im wirtschaftlichen und sozialen Wandel. Die Politiker sollen fällig gewordene Reformen anstreben, die von den Vorgängern immer wieder verschoben worden waren und gleichzeitig neuen **Herausforderungen** die Stirn bieten: der sich erweiternden Europäischen Union sowie der Globalisierung.

Außen- und innenpolitisch stehen der neue Bundesrepublik große Änderungen bevor. Sie übernimmt jetzt Verantwortung in Konflikten außerhalb des Nato-Bereichs und zeigt Interesse an einem ständigen Sitz im UNO-Sicherheitsrat. Deutschland ist ein international geachteter Partner geworden. Die Einführung des Euros, die sich fortsetzende europäische Integration, die in Verbindung mit der Einwanderungspolitik aufgeworfene Frage nach einer sogenannten „deutschen **Leitkultur**" und die alarmierende demographische Entwicklung stürzen das Land erneut in eine Identitätskrise.

Nach der Wiederwahl G. Schröders im Jahre 2002 hat für Deutschland die Stunde der tiefgreifenden Reformen geschlagen. Sie umfassen alle Bereiche der Gesellschaft und sollen dem Land ermöglichen, den **Herausforderungen** des 21. Jahrhunderts gewachsen zu sein.

Wenn der jetzige Kanzler es schafft, die Agenda 2010 durchzuführen, könnte er als „Kanzler der Reformen" in die Geschichte der BRD eingehen.

PRESSESPIEGEL

SCHRÖDER-GENERATION

Gerhard Schröder ist der erste Kanzler der Berliner Republik. Von seinem Zimmer aus kann er sehen, wie der Potsdamer Platz ein bisschen an den Wolken kratzt. Schröder hat der großen Bundesrepublik einen neuen Platz in der Welt **ertrotzt**. Sie steht nicht mehr folgsam an der Seite der Amerikaner. Sie sucht sich einen eigenen Weg.

Spiegel

DER DEUTSCHE PATIENT

Selbst Kinder wissen inzwischen, dass Deutschland seit langem im steten **Niedergang** ist, der sich 2002 gewaltig beschleunigt hat und große Unruhe auslöst. Es geht um etwas Selbstverständliches, Banales, nämlich endlich um die **Einsicht**, dass Deutschland schon lange chronisch krank ist, dass wir seit drei Jahrzehnten über unsere Verhältnisse gelebt haben und daher kräftig sparen müssen.

FAZ

ERWARTUNGEN UND HERAUSFORDERUNGEN

Im In– wie im Ausland wird in letzter Zeit auffällig oft von der „Berliner Republik" gesprochen. In dieser Wortwahl spiegelt sich ein **Bewusstseinswandel** wider, der der Staatssituation Rechnung trägt. Natürlich bleiben die **Verfassung**, Institutionen, Parteien und Verbände vom Regierungs– und Parlamentsumzug nach Berlin **unberührt**. Doch im Laufe der Zeit wird die Erwartung, zumal junger Menschen, die sich mit den neuen, alten Namen verbindet, eine veränderte politische **Wahrnehmung** und Praxis nach sich ziehen.

Das Parlament

Noch ist der Umzug nicht ganz abgeschlossen, aber schon jetzt ist die Berliner Republik grundverschieden von der Bonner. Sozusagen über Nacht ist Deutschland aus einer widerwilligen Mittelmacht zu einer gegebenenfalls auftrumpfenden kontinentalen Vormacht geworden.

Freitag

EIN GANZ NORMALES LAND

Was ist nun neu an Deutschland? Nicht, dass es die historischen **Bürden** seiner finsteren Jahre abgelegt hätte. Historikerstreit, Goldhagen-Debatte, Walser-Rede, aber auch Entschädigung von **Zwangsarbeitern** – das zeigt doch, wie präsent die Geschichte geblieben ist. Aber neu ist die geographische Größe, die Einwohnerzahl nach 1990, das Wirtschaftspotential, die ökonomischen Schwächen, das Bemühen um mehr Einfluss, vorgetragen mit ungewohnter **Selbstsicherheit**. Schließlich die **Bereitschaft** zum Umdenken.

Die Zeit

DIE DEUTSCHEN UND IHR DENKMAL

Der Mord an Millionen europäischen Juden im NS hat im wiedervereinigten Deutschland den Wunsch oder die Notwendigkeit **hervorgerufen**, ein nationales Denkmal zu **errichten**, und zwar direkt neben dem Brandenburger Tor, im Zentrum der neuen Bundeshauptstadt Berlin. Das Holocaust-**Mahnmal** wird im Mai nächsten Jahres (2005) eröffnet. 2 751 Stelen als Symbol für die Leiden der europäischen Juden der Nazi-Zeit sowie der Ort der Information, der über das Schicksal der Juden **aufklärt**.

Die Welt

PRESSESPIEGEL

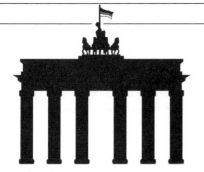

Gesundheitsreform, Arbeitsmarkt, Einwanderung und Föderalismus waren die großen Themen des Jahres 2004. Realitätsschock Anfang Februar 2005: In der Arbeitslosenstatistik wurde die Fünf-Millionen-Grenze überschritten.

Faz

NEUER PATRIOTISMUS

Horst Köhler, der neue Bundespräsident, liebt Deutschland und niemand findet das unpassend. Er stammt aus einer vergessenen Landschaft des Ostens. Es ist ein Fachmann globalisierter Politik und Ökonomie. Er spricht von Vaterlandsliebe ohne **Anführungszeichen**. Offenbar war das **fällig**.

Die Welt

BUNDESWEHREINSATZ

Gerhard Schröder war der erste deutsche Regierungschef nach dem Zweiten Weltkrieg, der deutsche Soldaten in den Kampf gegen einen souveränen Staat schickte. Als er 1998 gewählt war, flog er mit Joschka Fischer zum **Antrittsbesuch** bei Bill Clinton, und als sie zurückkamen, stand fest, dass sich Deutschland am Krieg gegen die Bundesrepublik Jugoslawien beteiligen würde. Es gab Widerstände gegen diese neue Außenpolitik.

Stern

WOHLSTAND IN GEFAHR

Früher fürchteten die Nachbarn die Stärke der deutschen Wirtschaft und die **Strenge** der Deutschen Bundesbank – heute sorgen sie sich allenfalls um die „German disease", die deutsche Krankheit. Als sich Europa auf eine gemeinsame **Währung** verständigte, bestanden die Deutschen auf einem „Stabilitätspakt", der die **Hallodris** aus dem Süden Disziplin lehren sollte. Nun bricht die Bundesrepublik diesen Pakt im zweiten Jahr in Folge.

Stern

Was aber bleibt den Deutschen, wenn man ihnen **Wohlstand** und **Wohlfahrt**, Wirtschaftswunder und Sozialstaat **wegnimmt**? Die Reformen wurden nicht **verschlafen**, sondern **verdrängt**, solange es nur irgend ging, weil sie den politischen Identitätskern der Deutschen berührten.

Faz

DAS LAND WARTET AUF DEN AUFSCHWUNG

Wann geht es aufwärts, wann trägt die Agenda 2010 Früchte? Noch tut sich wenig. Die Beiträge zur Krankenversicherung sind um 0,1 Prozentpunkte gesunken. Die Zahl der Arbeitslosen hängt bei 4,2 Millionen. Die Konjunkturprognosen sind leicht nach oben korrigiert worden, auf 1,8 Prozent, aber das liegt am Aufschwung im Ausland. Alles **wie gehabt**. Trotzdem sieht dieses Land anders aus als 1998.

Der Spiegel

THÈME

1. La République de Bonn incarnait l'image d'une république idéale, elle représentait un modèle de démocratie, de stabilité politique et de recherche d'intégration européenne.
2. L'adhésion pure et simple de l'Allemagne de l'Est à la RFA, sans refonte des institutions a pour effet de souligner les permanences et de contribuer à masquer les changements.
3. Depuis que l'essayiste Johannes Gross au début des années 1990 a lancé l'expression « république de Berlin », celle-ci fait florès dans les pages culturelles des journaux allemands et donne lieu à de vives polémiques opposant partisans et détracteurs.
4. Le Reichstag, redessiné par l'architecte anglais Norman Forster, se veut le symbole d'une démocratie transparente.
5. Le choix de Berlin comme capitale est un symbole d'unité, en ce qu'il place le centre politique du pays au cœur de la région nouvellement incorporée.
6. L'Agenda 2010 du gouvernement allemand, auquel l'Agenda 2006 du gouvernement français fait écho, est l'appellation incisive d'un ensemble de réformes structurelles grâce auquel l'Allemagne espère renouer avec la croissance.
7. Depuis deux semaines, des manifestations renouant avec les traditionnels défilés du lundi en 1989 se succèdent pour demander le retrait de la récente réforme du marché du travail, dit Hartz IV.

VERSION

1. Das Ende der Bonner Republik ließ Befürchtungen aufkeimen, Deutschland könnte an Traditionen anknüpfen, die es ins Verderben geführt hatten.
2. Eine der wichtigsten Veränderungen von der geteilten Nation zur Berliner Republik betrifft das Selbstverständnis der Deutschen, das heißt die Art und Weise, in der die Menschen sich selbst sehen und von anderen gesehen werden wollen.
3. Über höhere Steuern für Reiche und Erben alleine lassen sich die Finanzlöcher, die die Arbeitslosigkeit in die öffentlichen Haushalte gerissen hat, nicht schließen.
4. Die „Deutschland AG" steht vor der Erneuerung. Der in den ersten Jahren der Republik entstandene „Rheinische Kapitalismus", ein Geflecht zwischen Politik, Industrie und Banken löst sich auf, denn die Globalisierung und die EU fordern flexiblere Strukturen.
5. Zum ersten Mal in der Geschichte respektiert oder unterstützt die Mehrheit der Deutschen das demokratische System und die Institutionen des Landes und erkennt die Grenzen mit allen neuen Nachbarstaaten an.
6. In ihrem Spiegel erscheint die dritte Republik als Wegelagerer, als Beutelschneider, der die soziale Philosophie der alten Republik, das mit Moral verbrämte soziale Verteilungswesen mit kaltschnäuzigem Fiskal-Pragmatismus außer Kraft setzt, ja geradezu unterpflügt.
7. Die Berliner Republik wird eine Reform des deutschen Föderalismus herbeiführen müssen, weil der Dauerwahlkampf in den Ländern den Staat lähmt.

1. Die Bonner Republik verkörperte das Bild einer idealen Republik, sie stellte ein Vorbild für die Demokratie, die politische Stabilität sowie die Suche nach europäischer Einbindung dar.
2. Der einfache Beitritt Ostdeutschlands zur BRD ohne Neugestaltung der Institutionen lässt die Beibehaltung der bestehenden Verhältnisse in den Vordergrund treten und trägt gleichzeitig zur Verschleierung der Veränderungen bei.
3. Seitdem der Publizist Johannes Gross Anfang der 90er Jahre den Begriff „Berliner Republik" in Umlauf gesetzt hat, findet er in den deutschen Feuilletonteilen einen lebhaften Anklang und verursacht rege Polemiken, bei denen deren Befürworter und Verfechter miteinander streiten.
4. Der vom englischen Architekten Norman Forster neu gestylte Reichstag will als das Symbol einer durchsichtigen Demokratie verstanden werden.
5. Die Wahl Berlins als Bundeshauptstadt ist ein Symbol für die Einheit, indem sie das politische Zentrum des Landes in die Mitte der neu eingegliederten Länder rückt.
6. Die Agenda 2010 der deutschen Bundesregierung, welcher die Agenda 2006 der französischen Regierung nachklingt, bezeichnet den einschneidenden Schlusstermin für ein Bündel von strukturellen Reformen, dank dem Deutschland die Hoffnung hegt, zu dem Wachstum zurückzufinden.
7. Seit zwei Wochen folgt, anknüpfend an die Montagszüge von 1989, eine Demonstration der anderen, um die Aufhebung von Hartz IV, der jüngsten Reform des Arbeitsmarktes, zu fordern.

---

1. La fin de la république de Bonn a fait naître des inquiétudes selon lesquelles l'Allemagne pourrait renouer avec des traditions qui avaient causé sa perte.
2. L'une des principales transformations lors du passage de la division du pays à la République de Berlin concerne l'image que les Allemands se font d'eux-mêmes, c'est à dire la façon dont les hommes et les femmes se voient et veulent être vus par les autres.
3. Ce n'est pas uniquement par des augmentations de l'impôt sur la fortune et les successions que les déficits financiers creusés par le chômage dans les finances publiques pourront être comblés.
4. La société « Allemagne SA » est en passe d'être rénovée. Le « capitalisme rhénan » qui a vu le jour durant les premières années de la république, système où s'entrecroisent la politique, l'industrie et les banques est en train de se défaire, car la globalisation et l'UE nécessitent des structures plus souples.
5. Pour la première fois dans l'histoire, la majorité des Allemands respecte ou soutient le système démocratique et les institutions de leur pays, et reconnaît les frontières avec tous les États voisins.
6. Dans le miroir qu'elle se tend à elle-même, la troisième République fait figure de voleur de grand chemin et de coupeur de bourses qui neutralise, et restreint carrément la portée de la philosophie sociale de l'ancienne République, cette entité sociale édulcorée de morale qui sert à distribuer les richesses avec un pragmatisme fiscal empreint de détachement.
7. La République de Berlin ne pourra pas faire l'économie d'une réforme du fédéralisme allemand, au motif que la compétition électorale permanente entre les États régionaux paralyse l'État fédéral.

WORTSCHATZ

Abdriften (das)	dérive
Anführungszeichen (das)	guillemet
Antrittsbesuch (der)	visite inaugurale
Arbeitslosenhilfe (die)	assistance chômage
Aufbruchsstimmung (die)	atmosphère de renouveau
auf/klären	informer
Aufschwung (der)	essor
Bereitschaft (die)	disposition
Bewusstseinswandel (der)	changement de mentalité
Bundeswehreinsatz (der)	intervention militaire
Bürde (die)	fardeau
Einsicht (die)	compréhension
errichten	édifier
ertrotzen	obtenir à l'arraché
fällig	parvenu à échéance
Hallodri (der)	petit rigolo
Haushalt (der)	budget
Herausforderung (die)	défi
hervor/rufen	susciter
„Ich-AG" (die)	« Moi SA », entreprise créée par un chômeur avec l'aide de l'État
kaltschnäuzig	insensible
Leitkultur (die)	culture de référence
Mahnmal (das)	monument commémoratif
Medienrummel (der)	tapage médiatique
Niedergang (der)	déclin
Rechnung tragen (+ Dat.)	tenir compte
Selbstsicherheit (die)	assurance
Staatsbürgerschaftsgesetz (das)	loi sur la nationalité
Strenge (die)	rigueur
überein/stimmen	coïncider
umstritten	controversé
unberührt	intact
unterpflügen	enfouir
verbrämt	édulcoré
verdrängen	repousser
Verdrängung (die)	refoulement
Vereinzelung (die)	isolement
Verfassung (die)	constitution
„Verostung" (die)	déplacement vers l'est
verschlafen	passer à côté
Verzögerung (die)	retard
Wahrnehmung (die)	perception
Währung (die)	monnaie
wie gehabt	comme d'habitude
Wohlstand (der)	bien-être
Wohlfahrt (die)	aide sociale
Zusammenlegung (die)	fusion
Zuwanderungsgesetz (das)	loi sur l'immigration
Zwangsarbeiter (der)	travailleur forcé

WICHTIGE DATEN

Chronik der Berliner Republik

1998	• Bundestagswahl – Gerhard Schröder (SPD) wird Bundeskanzler. Erste rot-grüne Regierungskoalition (1998-2002). Erstmals in der Geschichte der BRD wird ein Bundeskanzler durch das Votum der Wähler/innen abgelöst. Nach 16 Regierungsjahren geht die Ära Kohl (1982-1998), die bisher längste in der Geschichte der BRD, zu Ende. Dies markiert eine historische Zäsur. • 4,1 Millionen Arbeitslose. • Mit großer Mehrheit stimmt der Bundestag für eine deutsche Beteiligung an einem möglichen Militäreinsatz der NATO gegen die Bundesrepublik Jugo-slawien (Kosovo-Konflikt).
1999	• Beginn des Regierungsumzugs nach Berlin. Der Bundestag sitzt fortan im umgebauten historischen Reichtagsgebäude. • Beschluss des deutschen Bundestages, ein „Denkmal für die ermordeten Juden Europas" in Berlin zu errichten.
2000	• Neue Spar- und Steuergesetze treten in Kraft. Beschränkung der Rentenerhöhung. • Reform des **Staatsbürgerschaftsgesetzes** (Einführung des jus soli). • Eröffnung in Hannover der „Expo 2000", der bislang teuersten und größten Weltausstellung. • Diskussion um die „deutsche **Leitkultur**".
2001	Terroranschläge in den USA (11. September).
2002	• Europäische Währungsunion: der Euro löst die D-Mark ab. • Eröffnung des Internet Portals der BRD unter www.deutschland.de. • Elbe-Hochwasserkatastrophe. • Der Kanzler erklärt, dass Deutschland sich auf keinen Fall an einem Irak-Krieg beteiligen werde. • 4 Millionen Arbeitslose. • Bundestagswahl – Fortsetzung der rot-grünen Koalition unter Bundeskanzler G. Schröder. (Der Einsatz des Kanzlers bei der Flutkatastrophe und die Ein- stellung zum Irak-Krieg retten seine Wiederwahl.)
2003	• Rezession – negatives Wachstum (– 0,1%). • Im Bundestag wird die „Agenda 2010" dargelegt, das größte Reformprogramm in der bundesrepublikanischen Geschichte in den Bereichen Konjunktur und Haushalt, Arbeit und Wirtschaft sowie soziale Sicherung.
2004	• Horst Köhler wird zum neuen Bundespräsidenten gewählt. • Teilnahme G. Schröders an den Feierlichkeiten zum 60. Jahrestag der alliierten Landung in der Normandie und dem 60. Jahrestag des Wahrschauer Aufstandes. Deutschland ist ein „international geachteter Partner geworden". • Deutschland erhebt Anspruch auf einen Sitz im Uno-Sicherheitsrat. • Montagsdemos gegen die Reformpolitik der Bundesregierung in zahlreichen Städten. • **Zuwanderungsgesetz** wird verabschiedet.
2005	Hartz IV, „die größte Sozialreform in der Bundesrepublik", (**Zusammenlegung** von **Arbeitslosen**- und Sozial**hilfe**), tritt in Kraft.

ZUM NACHDENKEN

„Berliner Republik" oder weiterhin „Bonner Republik"? Obwohl beide Bezeichnungen nie einen offiziellen Charakter hatten, bleibt die Frage dahingestellt. Was spricht für Kontinuität, was für Änderungen? Hier einige Argumente für und wider.

☞ Änderungen
- Deutschlands neue Hauptstadt ist eine Weltmetropole, Bonn war eine mittlere Provinzstadt.
- Mit dem Machtwechsel 1998 werden eine neue Generation von Politikern, eine neue Politik und eine neue Republik verbunden.
- Der Bundeswehreinsatz im Kosovo-Konflikt stellt den Bruch mit dem Pazifismus der Bonner Republik dar.
- Im Irak-Krieg wendet die neue BRD gegenüber den USA einen souveränen Politikstil an, der mit Bonner Tradition nicht mehr **übereinstimmt**.
- Mit der Agenda 2010 werden strukturelle Reformen durchgesetzt, die an die Substanz des sogenannten „Modell-Deutschland" gehen. Ein Übergang vollzieht sich gerade, von der Solidaritätsgesellschaft nach dem Vorbild der sozialen Marktwirtschaft in eine Gemeinschaft der radikalen **Vereinzelung**. Die „**Ich-AG**" wird gefördert.
- Durch die Wiedervereinigung wurde Deutschland mit seinem nun über 80 Millionen Einwohnern der größte Staat Europas.

☞ Kontinuität
- Das Grundgesetz, die Westintegration und die Fortsetzung der europäischen Integration bleiben Konstanten der neuen Republik. Kein nationalistisches **Abdriften**, keine „**Verostung**" der Republik und keine **Verdrängung** der NS-Vergangenheit.
- Mit ihrem überwältigenden Votum bejahen die Ostdeutschen 1989 die Wiedervereinigung und setzen diese unter dem Vorzeichen des Grundgesetzes, der deutschen Verfassung, durch.
- Die Fixierung auf die NS-Vergangenheit ist immer noch mächtig: Mittragen der Sanktionen gegen Österreich Anfang 2000, Verhandlungen über die Entschädigung der Zwangsarbeiter, öffentliche Debatte über die Errichtung des Holocaust-Mahnmals in Berlin.
- Die Vollendung der EU bleibt das oberste nationale Interesse.

☞ Quellen
- „*Berliner Republik*" so lautet auch der Name einer neuen, der SPD nahen Zeitschrift, die sich zum Ziel gesetzt hat, „die großen inneren und äußeren Aufgaben, vor denen die Republik steht" zur Debatte zu stellen.
- Interessante und weiterführende Informationen sind unter folgender Internet-Adresse zu finden: www.b-republik.de

DER RECHTSRADIKALISMUS
L'EXTRÊME DROITE

FAKTEN

• Die rechtsradikale Parteienlandschaft

Nachdem der Rechtsradikalismus nach dem Zusammenbruch des dritten Reichs zunächst diskreditiert schien, entstehen zwanzig Jahre später wieder rechtsextreme Parteien.

1964 wird die NPD (Nationaldemokratische Partei Deutschlands) gegründet.

Sie bestand anfangs hauptsächlich aus Altnazis und Revisionisten, seit den neunziger Jahren aus jungen **Wende-Verlierern**.

1971 wird die DVU (deutsche Volksunion) gegründet.

Zuletzt entstanden 1983 die Republikaner. (Reps)

Trotz einzelner kurzfristiger Durchbrüche bei den Wahlen, ist es den drei noch nicht gelungen, im Bundestag vertreten zu sein. Dennoch breitet sich ihr Einfluss besonders bei der ostdeutschen Jugend aus.

• Die Kennzeichen ihrer Weltanschauung

Der Sozialdarwinismus (laut dem das Leben ein Kampf sei), die **Überlegenheit** der nordischen Rasse, die hohe Bewertung des Krieges, die Betonung des Führerprinzips gehören zu den typischen Merkmalen ihres dualistischen Weltbildes.

Demzufolge zielen sie darauf, das demokratische System zu **beseitigen**. Dazu gesellt sich die Angst vor **Überfremdung**, die **Einwanderer** werden zu **Sündenböcken, Schmarotzern. Fremdenhass** und Denunzierung von korrupten Politikern gehören auch dazu.

• Die relative Ohnmacht der Behörden

Im Sommer 2000 rief Kanzler Schröder zum „Aufstand der Anständigen" auf. Darauf gingen Tausende Bürger auf die Straße, um die Ausländerfeindlichkeit zu denunzieren. Weil aber die rechtsextreme Szene weiter die demokratische Ordnung bedrohte, wurde 2001 bei dem Bundesverfassungsgericht erfolglos ein **Verbotsantrag** gegen die NPD eingereicht.

Da es auch zu Gewalttaten im Ausland gekommen ist, wurde auch **die Rasterfahndung** eingesetzt und **eine Datei** mit „Limos" und „Remos" (links oder rechts orientierte politisch motivierte Gewalttäter) errichtet.

Doch diese Maßnahmen richten sich nicht gegen die Wurzel des Übels.

Woran liegt überhaupt der Erfolg der Rechtsextremen?

• Die Gründe für den Erfolg

Nach der nazistischen Ideologie und der sozialistischen Moral mussten sich die Ostdeutschen auf eine liberale Gesellschaftsform umstellen, was einen **Bewusstseinswandel** erfordert, wobei die Arbeitslosigkeit doppelt so hoch ist wie im Westen und als besonders schmerzlich empfunden wird, weil in der DDR das Recht auf Arbeit in der Verfassung verankert war. So erweisen sich die **Wendeverlierer** als besonders anfällig für den Sozialpopulismus. Damit lässt sich auch der Durchbruch bei den jüngsten Landtagswahlen in Sachsen und Brandenburg im September 2004 erklären. Die Rechtsextremen profitierten von dem Protest gegen „Hartz IV", die Reform des Arbeitsmarktes, die unter anderem die Sozialleistungen der Arbeitslosen kürzt.

Mit dem Aufschwung im Osten und der fortschreitenden Demokratisierung wird diese Erscheinung hoffentlich in Zukunft an Bedeutung abnehmen.

PRESSESPIEGEL

GERHARD SCHRÖDER ZUM 60. JAHRESTAG DER BEFREIUNG

Dass es Antisemitismus immer noch gibt, das ist nicht zu leugnen. Ihn zu bekämpfen ist Aufgabe der ganzen Gesellschaft… Es ist gemeinsame Pflicht aller Demokraten, der widerlichen Hetze der Neonazis und den immer neuen Versuchen, die Naziverbrechen zu verharmlosen, entschieden entgegenzutreten.

Die Welt

WARUM JUNGE LEUTE NACH RECHTS WANDERN

Und der DVU Wähler? Ein Frankenstein aus verschiedenen Elementen der Misere: Einheitsverlierer, Arbeitsloser, Ausländerfeind. Der typische DVU Wähler ist jung, männlich, Arbeiter, Azubi oder arbeitslos.

Der Außenstehende fragt sich: wie können ausländerfeindliche Parolen derart zünden, in einem Bundesland (Sachsen-Anhalt), das mit 1,8% den niedrigsten Ausländeranteil hat? Die Ausländerfeindschaft hat eine authentische DDR-Genese. Es ist der alte sozialistische Egalitarismus, der in Feindschaft gegen den (angeblich privilegierten) anderen umschlägt.

Die Zeit

DIE IMPORTIERTE MORAL

Ostdeutscher Alltag. Kaum jemand protestiert dagegen. Viel ist darüber gerätselt worden, warum so viele Jugendliche im Osten rechtsextrem sind. Ein maßgeblicher Grund ist, dass sich in der ostdeutschen Gesellschaft ein republikanisches Bürgerbewusstsein kaum verbreiten konnte. In der DDR fehlte eine demokratische Öffentlichkeit. Die ostdeutsche Gesellschaft hat 1990 die westliche Staatsordnung nur übernommen. Sie bleiben letztlich doch die Werte des Westens.

Die Zeit

NEONAZIS EROBERN WEITE TEILE DER JUGENDSZENE

In Deutschland haben in den vergangenen zehn Jahren über hundert rechte Bands ungefähr 500 CDs produziert. von A wie Arisches Blut bis Z wie Zyklon B.

Die Texte sind gewaltverherrlichend und rassistisch, sie verklären das „Dritte Reich".

Schon vor Jahren haben Neonazistrategen entdeckt, dass eine kulturelle **Unterwanderung** viel effektiver ist als das Verteilen von Parteiprogrammen.

„Ohne kulturelle Hegemonie, ohne Revolution im Kopf, keine Revolution."

Die Zeit

DER ZWEITE FRÜHLING DER NPD

Die Frischblutzufuhr für die Partei kommt vor allem aus dem Osten. Ein Drittel der 4 300 NPD-Mitglieder kommt aus den neuen Bundesländern.

1997 sind 1 600 Menschen in die Partei eingetreten, 70% davon unter 30.

„Der arbeitenden Bevölkerung wird immer mehr Geld aus der Tasche gezogen, damit die Politiker Privilegien erhalten können und **Schmarotzer** durchgefüttert werden können" posaunt der Stratege der Partei.

Die Zeit

PRESSESPIEGEL

DIE NPD AUF DEM VORMARSCH

Mit ihren antikapitalistischen Thesen **kommt** die NPD **an** im Osten. Flächendeckend ist dort die Industrie nach 1990 zusammengebrochen, westdeutsche und ausländische Konzerne haben glänzend daran verdient.
Bewusst lobt die NPD die **sozialen Errungenschaften** der DDR. Der NPD-Chef freut sich, dass es im Osten nach dem Krieg keine Umerziehung, keine „Indoktrination" gegeben habe. Das Volk habe noch Abstand zum kapitalistischem System, „der befähigt zu urteilen".

Die Zeit

RECHTSRUCK IM OSTEN

Wer im Osten zu den achtzehn- bis zwanzigjährigen Jugendlichen gehört, hat als Zehn- bis Zwölfjähriger die **Ohnmacht** seiner Eltern, den Verlust des Arbeitsplatzes erlebt. Erziehung wurde ohnehin in der DDR gern an den Staat abgegeben; nach 1989 hatten jene Väter und Mütter kaum eine Chance, nun plötzlich die elterliche Gewalt zu exekutieren.

Die Zeit

NAZIS AUF DER ÜBERHOLSPUR

Den größten Erfolg bei den gestrigen Landtagswahlen in Brandenburg und Sachsen erzielte die rechtsextreme NPD. Von 1,4% im Jahre 1999 konnten die Nationaldemokraten ihren Stimmenanteil auf 9,3% steigern. Die NPD zieht erstmals seit 36 Jahren wieder in ein Landesparlament ein. Als erster rechtsextremer Partei gelang der DVU in Brandenburg der Wiedereinzug in einen Landtag.
Nach ersten Analysen sind die Ergebnisse vor allem Ausdruck eines Protestklimas.

Berliner Tageszeitung

In Wien wurde einer 45-jährigen Frau von der Polizei das Handwerk gelegt, die seit 22 Jahren als Trickdiebin in ganz Europa Senioren um ihre Ersparnisse begaunert. Überführt wurde die „Polin" als sie sich den Zugang in die Wohnung einer 85-jährigen Rentnerin erschlich und dort 550 Euro erbeutete. Dem Opfer gelang es jedoch, rechtzeitig die Polizei zu verständigen. Dass es sich bei der „Polin" in Wirklichkeit um eine Zigeunerin handelt, verschwiegen die Medien aus Gründen der politischen Korrektheit.

National Zeitung

IN SACHSEN STREITEN PDS UND NPD UM DIE PROTESTWÄHLER

Die Rechtsextremisten pflegen eine betont antikapitalistische und antiwestliche Rhetorik. „Die NPD ist der organisierte Wille der Deutschen gegen Fremdbestimmung, Überfremdung, Globalisierung und kapitalistische Ausbeutung", tönt es in der Wahlkampfzeitung. Mit voller Kraft bedienen die Rechten die grassierende Wut über die angebliche soziale Demontage durch Hartz IV. So kann die NPD Propaganda indirekt auch auf der Ostalgiewelle schwimmen.

Die Zeit

DER RECHTSRADIKALISMUS 107

THÈME

1. La montée de la violence est un phénomène inquiétant en Allemagne de l'Est.
2. Le fait que de plus en plus de jeunes ont recours à la violence, n'est guère perçu dans l'opinion publique.
3. C'est en particulier à travers la musique que les thèmes d'extrême-droite sont diffusés parmi la jeunesse.
4. Plus le malaise grandit, plus les pouvoirs publics ont du mal à combattre ce phénomène.
5. Les personnalités médiatiques ont de plus en plus de succès auprès des électeurs.
6. Personne ne nie que le travail de mémoire est nécessaire pour tirer les leçons du passé.
7. Les valeurs véhiculées par ces partis ont beaucoup de succès parmi les jeunes, d'autant plus que beaucoup sont au chômage.
8. Si l'opinion publique protestait contre la mise en place de zones interdites d'accès aux étrangers, la police et la justice pourraient intervenir plus facilement.
9. Si le passage à l'économie de marché n'avait pas été si difficile, le modèle occidental n'aurait pas été remis en cause.
10. Cet homme politique est le seul à ne pas tenir des discours déconnectés de la réalité.

VERSION

1. Alle Beobachter waren auf den Ausgang der Wahlen gespannt.
2. Das bürgerliche Lager mag als Sieger aus der Wahl hervorgegangen sein, viele Bürger erwarten von dem Machtwechsel nichts mehr.
3. Die zunehmende Wahlmüdigkeit in Europa zeugt von der wachsenden **Politikverdrossenheit** der Bürger.
4. Soll, wie es schon in Belgien der Fall ist, eine Wahlpflicht eingeführt werden, um der Lage Abhilfe zu schaffen?
5. Bei den letzten Wahlen haben die Regierungsparteien eine schwere Niederlage erlitten, auf die keiner gefasst war.
6. Woran liegt der **Aufschwung** des Populismus in Europa?
7. Der Vorschlag des deutschen Innenministers, Lager für **Asylanten** in Nordafrika zu errichten, hat viel Aufsehen erregt.
8. Laut Polizeiangaben soll eine rechtsradikale Splittergruppe hinter dem Anschlag stecken.
9. Die neue NPD Führung will mit der ehemaligen neonazistischen Partei nichts gemein haben.
10. Bleibt die angekündigte Demonstration aus, werden alle Beobachter erleichtert sein.

1. Die Zunahme der Gewalt ist eine besorgniserregende **Erscheinung** in Ostdeutschland.
2. Dass immer mehr Jugendliche auf Gewalt zurückgreifen, wird in der Öffentlichkeit kaum wahrgenommen.
3. Besonders durch Musik werden rechtsextreme Themen unter der Jugend verbreitet.
4. Je größer das Unbehagen wird, desto schwerer fällt es den Behörden, diese **Erscheinung** zu bekämpfen.
5. **Medienwirksame** Persönlichkeiten **kommen bei** den Wählern immer besser **an**.
6. Keiner leugnet, dass die Aufarbeitung der Vergangenheit notwendig ist, um aus der Geschichte zu lernen.
7. Die von diesen Parteien **vermittelten Werte finden Anklang** bei den Jugendlichen, umso mehr als viele arbeitslos sind.
8. Wenn die Öffentlichkeit gegen die Errichtung von „national befreiten Zonen" protestieren würde, könnten Polizei und Justiz leichter eingreifen.
9. Wenn die Umstellung auf die Marktwirtschaft nicht so schwierig gewesen wäre, wäre das westliche Modell nicht in Frage gestellt worden.
10. Dieser Politiker ist der einzige, der keine realitätsfernen Reden hält.

---

1. Tous les observateurs étaient impatients de connaître l'issue du scrutin.
2. Les conservateurs ont eu beau sortir vainqueurs du scrutin, beaucoup d'électeurs n'espèrent plus rien de cette alternance.
3. L'augmentation de l'abstention en Europe témoigne d'une morosité politique croissante chez les électeurs.
4. Faut-il, comme c'est déjà le cas en Belgique, instaurer un vote obligatoire pour remédier à la situation ?
5. Lors des dernières élections, les partis au gouvernement ont subi un grave revers, auquel personne ne s'attendait.
6. À quoi tient l'essor du populisme en Europe ?
7. La proposition du ministre de l'Intérieur allemand visant à mettre en place des camps de demandeurs d'asile en Afrique du Nord a fait sensation.
8. Selon des sources policières, c'est un groupuscule d'extrême droite qui serait à l'origine des attentats.
9. La nouvelle direction du parti NPD prétend ne rien avoir en commun avec l'ex parti néonazi.
10. Si la manifestation annoncée n'a pas lieu, tous les observateurs seront soulagés.

WORTSCHATZ

ab/schieben	*expulser*
Anklang finden bei	*avoir du succès auprès de*
Asylant (der)	*le demandeur d'asile*
Asylantenheim (das)	*le foyer pour demandeurs d'asile*
Aufarbeitung der Vergangenheit (die)	*le travail de mémoire*
Aufschwung (der)	*l'essor*
Aufstand der Anständigen (der)	*la révolte de la majorité silencieuse (litt. : des gens comme il faut)*
Ausländerfeindlichkeit (die)	*xénophobie*
Behörden (die)	*les pouvoirs publics*
beseitigen	*éliminer*
Bewusstseinswandel (der)	*le changement dans les mentalités*
Brandanschlag (der)	*l'incendie criminel*
Datei (die)	*le fichier*
Eingliederung (die)	*l'intégration*
Einwanderer (der)	*l'immigré*
Ellbogengesellschaft (die)	*la société d'arriviste*
Erscheinung (die)	*le phénomène*
Fremdenhass (der)	*la xénophobie*
Gedankengut (das)	*l'idéologie*
gut an/kommen bei	*avoir du succès auprès de*
gut ab/schneiden	*obtenir de bons résultats*
Hartz IV	*nom de la réforme engagée par Schröder pour relancer la compétitivité de l'Allemagne*
Jugendszene (die)	*les milieux fréquentés par les jeunes*
medienwirksam	*médiatique*
Ostalgiewelle (die)	*la vague de nostalgie à l'égard du régime de RDA*
Parole (die)	*le mot d'ordre*
Politikverdrossenheit (die)	*la désaffection vis-à-vis du politique*
Rasterfahndung (die)	*la recherche assistée par ordinateur*
rechtsfreie Raum (der)	*la zone de non-droit*
rechtsradikal: rechtsextrem	*d'extrême droite*
Rechtsstaat (der)	*l'État de droit*
sozialen Errungenschaften (die)	*les acquis sociaux*
Überfremdung (die)	*la surpopulation étrangère*
Überlegenheit (die)	*la supériorité*
Unterwanderung (die)	*le noyautage, l'infiltration*
Schlagwort (das)	*le slogan*
Schmarotzer (der)	*le parasite*
Sündenbock (der)	*le bouc-émissaire*
Überwachungsstaat (der)	*L'État policier*
Verbotsantrag (der)	*la requête visant à interdire*
verharmlosen	*minimiser, dédramatiser*
Wahlsiege erringen	*remporter des succès électoraux*
Wendeverlierer (der)	*le perdant de la réunification*
Weltanschauung (die)	*la vision du monde*
Werte vermitteln	*transmettre, véhiculer des valeurs*
Zuwanderungsgesetz (das)	*la loi sur l'immigration*

WICHTIGE DATEN

1964	Gründung der NPD.
1971	Gründung der DVU.
1983	Entstehung der Republikaner.
1989/1990	Wende.
1991	Anschlag in Hoyerswerda.
1992	Anschläge in Rostock und Mölln.
1993	• **Brandanschlag** in Solingen (Nordrhein Westfalen), der fünf türkische Familienmitglieder das Leben kostet. • Das Asylrecht wird eingeschränkt.
1994/1995	Mordprozess um den Brandanschlag von Solingen. Die Täter werden verurteilt. Die türkische Mutter wird vom deutschen Fernsehen zur „Frau des Jahres" ernannt.
1995	Wahlerfolg der DVU in Sachsen-Anhalt, die mit 13% der Stimmen in den Landtag zieht.
2000	• erneute tödliche Anschläge gegen Ausländer. • Kanzler Schröder ruft zum **„Aufstand der Anständigen"** an. • Errichtung einer Gewalttäterdatei.
2001	wird von der Regierung erfolglos ein **Verbotsantrag** gegen die NPD eingereicht.
11.09.2001	• Anschläge in New-York. • Einige Terroristen haben sich in Deutschland aufgehalten. • Wie lässt sich vermeiden, dass nicht alle Ausländer zu potentiellen Verdachtspersonen werden?
2004	• Anschläge in Madrid. • wird das neue **Zuwanderungsgesetz** verabschiedet: als gefährlich angesehene Einwanderer dürfen vorsichtshalber **abgeschoben** werden. • Zur besseren **Eingliederung** der ansässigen Einwanderer werden Sprachkurse Pflicht. • Es gebe ungefähr 40 000 rechte Aktivisten, darunter 5 000 Skinheads.
19.09.2004	Mit 9% der Stimmen ziehen NPD und DVU in die Landtage von Sachsen und Brandenburg.

ZUM NACHDENKEN

☞ **Wie lassen sich Rechtsstaat und Sicherheit vereinbaren ?**

Zwar muss der Staat gegen rechtsradikale Gewalttäter vorgehen und muss versuchen sie zu identifizieren.
Heiligt der Zweck aber alle Mittel?
Birgt die Errichtung einer Datei, wie sie 2001 beschlossen wurde, nicht auch Gefahren?

Unter welchen Kriterien kommt man in die Datei? Genügt die Teilnahme an einer Demonstration?
Die Personalien der potentiellen Gewalttäter werden mindestens fünf Jahre gespeichert. Dem Betroffenen kann die Ausreise ins Ausland verboten werden. Dabei werden Ausreisefreiheit, Meinungs- und Versammlungsfreiheit betroffen.
Darf eine Demokratie zum **Überwachungsstaat** ausarten, um sich selbst zu schützen?
Eine ähnliche Frage wird durch die Verschärfung der Sicherheitsmaßnahmen, die das Zuwanderungsgesetz vorsieht, aufgeworfen.
Ist ein Verdacht genug, um einen potentiellen Terroristen abzuschieben?
Oder soll man warten, bis der Anschlag stattgefunden hat und Opfer gekostet hat?

☞ **Wenn von Rechtsextremismus die Rede ist, wird sofort die Vergangenheit beschworen. Ist er aber nicht eher ein Produkt der Gegenwart?**

Zwar findet man im Gedankengut die meisten traditionellen Themen, die im Dritten Reich berüchtigt wurden.
Ist der Rechtsextremismus aber nicht eine (falsche) Antwort auf eine sinnentleerte Gesellschaft?
In der Konsumgesellschaft, die von heute auf morgen eingeführt wurde, herrscht nur Wettbewerb (Konkurrenz) und Profit. In dieser Ellenbogengesellschaft, wo „Sein" mit „Haben" identifiziert wird, ist jemand der keine Stelle, keine Kaufkraft hat, wertlos. Um gegen dieses Gefühl der eigenen Wertlosigkeit anzukämpfen, wird die nationale Identität überbewertet.
In einer unübersichtlichen globalisierten Welt bietet der Rechtsextremismus einige (angeblich) sichere Anhaltspunkte, einfache Antworten, Erklärungsmuster, die weiter Anklang finden werden, solange unsere Gesellschaft eine reine Warengesellschaft bleiben wird.

UMWELTTECHNOLOGIE IN DEUTSCHLAND
L'ALLEMAGNE, LEADER MONDIAL DE LA TECHNOLOGIE DE L'ENVIRONNEMENT

FAKTEN

Steigende **Ölpreise**, knapper werdende Ressourcen fossiler **Energieträger** und ein Anstieg des globalen **Energiebedarfs** stellen eine große Herausforderung für die Menschheit dar. Hinzu kommt ein zunehmendes **Umweltbewusstsein** und die Anerkennung des Prinzips der **Nachhaltigkeit**. **Meilensteine** dieser Entwicklung sind das Protokoll von Kyoto oder der UN-Weltgipfel zum Thema **Nachhaltigkeit** in Johannesburg. Somit wird die Suche nach alternativen **Energiequellen** und umweltschonenden Technologien immer wichtiger.

Deutsche Unternehmen sind im Bereich der Umwelttechnologie weltweit führend. Diese **Entwicklung** lässt sich durch die in Deutschland gegebenen Voraussetzungen erklären: seit Mitte der siebziger Jahre ist die Thematik des **Umweltschutzes** zu einer **Grundsatzfrage** geworden. Auch auf politischer Ebene hat sich der **Umweltschutz** mit der Partei der „Grünen", die schon 1983 in den Bundestag einzog, fest etabliert. Die **Bundesregierung** arbeitet gezielt auf eine **nachhaltige** Umweltpolitik hin. So wurde 2001 im Bundestag das Abkommen zum **Atomausstieg** beschlossen oder im Jahr 2000 das „**Erneuerbare-Energien-Gesetz**" erlassen, das den **Ökostrom** aus alternativen Quellen **fördert**.

Aufgrund dieser Tatsachen **entwickelte** sich die Umwelttechnologie in Deutschland zu einem wichtigen Wirtschaftszweig. Dieser Sektor beschäftigt über eine Million Menschen und verfügt über beste **Wachstumspotenziale**. Industrie und **Forschung** arbeiten gemeinsam am Ausbau umfassender Umwelttechnologien; so sind deutsche Produkte zu einem echten **Exportschlager** der deutschen Wirtschaft geworden.

Die BRD ist Windenergie-Land Nr.1, da ein Drittel der globalen Windenergie aus Deutschland stammt. Derzeit gibt es im ganzen Land über 15 000 **Anlagen** und über 4 Prozent des deutschen **Stromverbrauchs** werden durch den Wind **gedeckt**, aber viele Bundesbürger empfinden die bis zu 180 Meter hohen **Windräder** als **Zerstörung** der Landschaft. Deshalb wird in der Nord- und Ostsee der Bau von „*Offshore*-Anlagen" mit 30 Kilometer Abstand zur Küste geplant.

Eine andere **erneuerbare Energiequelle** ist die Sonne; **photovoltaische Anlagen** verwandeln Sonnenlicht in **Strom** und werden zur **Wärmeversorgung** benutzt. Die Solarindustrie wird von der **Bundesregierung** intensiv **gefördert**. Deutschland hat zurzeit den größten Solarmarkt Europas.

Die deutsche Automobilindustrie **forscht** und experimentiert auf dem Gebiet des **Wasserstoffantriebs**. Durch eine chemische Reaktion von Wasserstoff und Sauerstoff in der **Brennstoffzelle** wird **schadstoffarme** Energie **erzeugt**, die zum Fahrzeugantrieb und zur **Wärmeversorgung** genutzt wird.

Eine andere Alternative zu normalem Benzin ist das „SunDiesel", das aus **Biomasse** hergestellt wird. Von 2010 an sollen in Deutschland eine Million Tonnen Diesel pro Jahr aus **Biomasse erzeugt** werden.

Um den **Energiebedarf** der Zukunft zu **decken** und den weltweiten Frieden zu sichern, ist es wichtig, dass die Umwelttechnologien weiter **entwickelt** werden. Deutschland spielt auf diesem Gebiet eine **Vorreiterrolle**.

PRESSESPIEGEL

Weltmeister der Windenergie ist Deutschland. Ein Drittel der globalen Windenergie stammt aus Deutschland. Großer Nachteil ist, dass ihr Angebot je nach Wetter schwankt. Da auf dem Land der Widerstand wächst, setzen die Betreiber verstärkt auf den Bau von Windparks vor den Küsten.

Merkur

Laut einer Studie fürchten sich viele Deutsche vor den Risiken der Atomtechnologie: 53 Prozent der Befragten empfinden Atomkraftwerke und Atommüll als gefährlich.

Bündnis 90/Die Grünen

Die Konferenz für **erneuerbare** Energien „Renewables 2004" ist in Bonn zu Ende gegangen. Die mehr als 150 teilnehmenden Nationen plädierten dafür, **erneuerbare** Energien **auszubauen**. Bundesumweltminister Jürgen Trittin (Grüne) sprach von einem Geist des Aufbruchs und bezeichnete die Konferenz als **Meilenstein**.

Netzzeitung

15 387 Wind**anlagen** surren auf Deutschlands Äckern. Fast dreißigmal so viel wie 1990, und quer durch die Republik wächst der Widerstand gegen die Landschafts**zerstörung** durch immer mehr **Windräder**.

Spiegel

Am Rande der Konferenz „Renewables 2004" vereinbarten Deutschland und Frankreich, ihre Zusammenarbeit auf dem Gebiet der Windenergie **auszubauen**. Eine entsprechende Initiative verabschiedeten Bundesumweltminister Trittin und der französische Industrieminister Devedjan in Bonn.

Netzzeitung

Schon bald werden die **Ölscheichs** allein den Hunger nach **Benzin** nicht mehr stillen können. Rasant schreitet die Industrialisierung von Ländern wie China und Indien voran; in den nächsten 50 Jahren wird der **Energiebedarf** der Welt sich verdreifachen. Das aus **Biomasse** gewonnene „SunDiesel" könnte eine Alternative darstellen.

Spiegel

Der Bundestag hat mit den Stimmen der Koalition beschlossen, **erneuerbare** Energien noch stärker zu **fördern**. Der aus Wind, Sonne, **Biomasse** und **Erdwärme** gewonnene Stromanteil soll bis 2010 auf 12,5 Prozent verdoppelt werden.

Spiegel

Außenminister Joschka Fischer sieht eine gute Zukunft für deutsche Unternehmen, die China beim Ausbau alternativer Energien unterstützen. Der Politiker (Grüne) eröffnete am Freitag in der Provinz Shandong eine deutsch-chinesische **Sonnenkollektoren**-Produktion.

Bündnis 90/Die Grünen

PRESSESPIEGEL

Die Studie „**Umweltbewusstsein 2004**" ergab, dass 92 Prozent der Deutschen den **Umweltschutz** für wichtig halten. Zwei Drittel sind für den Ausbau der Windenergie und 53 Prozent fürchten sich vor den Folgen der globalen **Klimaveränderungen**.

Bündnis 90/Die Grünen

Vor allem Entwicklungsländer verpflichteten sich auf der „Renewables" zu ehrgeizigen Zielen. So sicherten China und die Philippinen zu, in wenigen Jahren doppelt so viel **Strom** aus regenerativen Quellen zu gewinnen. Auch Indien und Ägypten sind bereit, auf Windenergie zu setzen. Damit sollen die von Smog geplagten Hauptstädte Neu-Delhi und Kairo wieder lebenswerter gemacht werden.

Netzeitung

Insgesamt sollen in Deutschland, wo sich an Land schon so viele Propeller drehen wie sonst nirgendwo, bis 2030 rund 15 Prozent des **Strombedarfs** in Windparks auf See **erzeugt** werden. Der Wind ist hier fast doppelt so stark wie an Land und trägt achtmal so viel Energie. Angesichts explodierender Gas- und **Ölpreise** hat sich der Wind ein Stück in Richtung der **erneuerbaren** Energien gedreht.

Focus

In der Nähe von Leipzig steht ein Symbol für den Paradigmenwechsel des neuen Jahrtausends: Mit über 33 000 Solarmodulen ist der „Solarpark Leipziger Land" das größte Solarkraftwerk der Welt.

Solarserver

Der Fußball Bundesliga Verein SC Freiburg hat ein einmaliges Projekt durchgeführt: auf dem Stadiondach **erzeugen Solarkollektoren Ökostrom** und tragen somit zum **Klimaschutz** bei.

Deutschlandspiegel

Die Welt steht vor einer **Energiescheide**: Die Erschöpfung der Erdöl- und Erdgasreserven naht. Die **Klimaveränderungen** wegen fossiler Energieemissionen nehmen mit Wetterkatastrophen dramatische Ausmaße an. Die Umstellung auf **erneuerbare** Energien ist überfällig.

Die Zeit

Konkurrenzlos ist dieses deutsche U-Boot. Es ist bislang das einzige auf der Welt, das mit **Brennstoffzellen** betrieben wird.

Deutschlandspiegel

UMWELTTECHNOLOGIE IN DEUTSCHLAND

THÈME

1. En Allemagne, environ 50 000 nouveaux emplois ont été créés durant ces dernières années seulement dans le secteur de l'énergie éolienne.
2. Selon une nouvelle étude, la protection de l'environnement est particulièrement importante pour une large majorité des Allemands.
3. La forte croissance économique de la Chine et les besoins en énergie en hausse de ce pays avec ses 1,3 milliard d'habitants offrent de grandes opportunités aux entreprises allemandes de la technologie de l'environnement.
4. Lors de la conférence mondiale pour les énergies renouvelables *Renewables 2004* à Bonn, la Chine s'est engagée à couvrir, jusqu'en 2010, 10 % de ses besoins d'énergie avec des sources renouvelables.
5. Actuellement, toutes les énergies renouvelables couvrent environ 14 % de la consommation mondiale d'énergie.
6. Grâce aux subventions de l'État, plus de 500 000 ménages allemands pouvaient installer des collecteurs solaires sur leurs toits.
7. Une entreprise allemande a développé un filtre pour les moteurs diesels qui filtre les gaz d'échappement de toutes les substances cancérigènes.

VERSION

1. Laut Experten reichen die **Öl-** und Gasreserven in etwa 10 Jahren nicht mehr, um den **Energiebedarf** aller Länder zu **decken**.
2. Motoren, die mit einer **Brennstoffzelle** ausgestattet sind, sondern keine Giftstoffe mehr ab.
3. Der deutsche Umweltminister Jürgen Trittin ist stolz darauf, dass ein Drittel des Wind**stroms** der Welt in Deutschland **erzeugt** wird.
4. In ganz Deutschland wächst der Protest gegen **Windräder**, da sie von vielen Bürgern als Landschafts**zerstörung** empfunden werden.
5. Die EU-Kommission führt einen Testeinsatz von **Brennstoffzellen**-Autos in zehn europäischen Städten durch.
6. Die **Bundesregierung** hat verschiedene Maßnahmen getroffen, um den **Umweltschutz** und die **Nachhaltigkeit** zu **fördern**.
7. Die staatliche Förderung für alle **erneuerbaren** Energien liegt derzeit in der Bundesrepublik bei 2,4 Milliarden Euro pro Jahr.

1. Allein in der Windbranche sind in den letzten Jahren in Deutschland rund 50 000 neue Arbeitsplätze geschaffen worden.
2. Laut einer neuen Studie ist der **Umweltschutz** für eine große Mehrheit der Deutschen besonders wichtig.
3. Chinas kräftiges Wirtschaftswachstum und der steigende **Energiebedarf** des Landes mit seinen 1,3 Milliarden Einwohnern bieten den deutschen Unternehmen der Umwelttechnologie große Chancen.
4. Auf der Weltkonferenz für **erneuerbare** Energien „*Renewables 2004*" in Bonn hat China sich verpflichtet, bis zum Jahr 2010 10 Prozent seines **Energiebedarfs** aus **erneuerbaren Energiequellen** zu **decken**.
5. Derzeit **decken** alle **erneuerbaren** Energien knapp 14 Prozent des weltweiten Energie**verbrauchs**.
6. Dank staatlicher Zuschüsse konnten über 500 000 deutsche Haushalte **Sonnenkollektoren** auf ihren Dächern installieren.
7. Ein deutsches Unternehmen hat einen Filter für Dieselmotoren **entwickelt**, der alle krebserregenden Stoffe aus den Abgasen filtert.

---

1. Selon des experts, dans environ 10 ans, les réserves en pétrole et en gaz ne suffiront plus à couvrir les besoins en énergie de tous les pays.
2. Des moteurs qui sont équipés d'une pile à combustible n'émettent plus de substances toxiques.
3. Le ministre de l'Environnement allemand Jürgen Trittin est fier qu'un tiers de l'énergie éolienne du monde soit produite en Allemagne.
4. Dans toute l'Allemagne, les protestations contre les éoliennes augmentent car beaucoup de citoyens les considèrent comme une destruction du paysage.
5. La commission de l'Union européenne mène un essai de voitures à pile à combustible dans dix villes européennes.
6. Le gouvernement fédéral a pris différentes mesures afin de promouvoir la protection de l'environnement et le développement durable.
7. En république fédérale, la promotion de l'État de toutes les énergies renouvelables s'élève actuellement à 2,4 milliards d'euros par an.

WORTSCHATZ

Anlage (die)	l'installation
aus/bauen	agrandir, développer
Atomausstieg (der)	l'arrêt du nucléaire
Atomkraft (die)	l'énergie nucléaire
Atomkraftwerk (das)	la centrale nucléaire
Benzin (das)	l'essence
Biomasse (die)	la biomasse
Brennstoffzelle (die)	la pile à combustible
Bundesregierung (die)	le gouvernement fédéral
decken	couvrir
Energiebedarf (der) (sing.)	les besoins énergétiques
Energiequelle (die)	la source d'énergie
Energieträger (der)	la source d'énergie
Energiescheide (die)	le tournant dans la politique énergétique
entwickeln	développer
Entwicklung (die)	le développement
Erdwärme (die)	la géothermie
erneuerbar	renouvelable
Erneuerbare-Energien-Gesetz (das)	la loi sur les énergies renouvelables
erzeugen	produire
Exportschlager (der)	le succès d'exportation
fördern	promouvoir, soutenir
forschen	faire de la recherche
Forschung (die)	la recherche
Grundsatzfrage (die)	la question de principe
Klima (das)	le climat
Klimaschutz (der)	la protection du climat
Klimaveränderung (die)	le changement climatique
Meilenstein (der)	la borne milliaire, une étape décisive
nachhaltig	durable
Nachhaltigkeit (die)	le développement durable
Ökostrom (der)	le courant écologique
Öl (das)	le pétrole
photovoltaisch	photovoltaïque
Schadstoff (der)	la toxine
schadstoffarm	faible en toxines
Sonnenkollektor (der)	le panneau solaire
Strom (der)	le courant
Umwelt (die)	l'environnement
Umweltbewusstsein (das)	la conscience de l'environnement
umweltschonend	qui protége l'environnement
Umweltschutz (der)	la protection de l'environnement
Verbrauch (der)	la consommation
Vorreiterrolle (die)	le rôle d'un avant-gardiste
Wachstumspotential (das)	le potentiel de croissance
Wärmeversorgung (die)	l'approvisionnement en chaleur
Wasserstoffantrieb (der)	le moteur à l'hydrogène
Windrad (das)	l'éolienne
zerstören	détruire
Zerstörung (die)	la destruction

WICHTIGE DATEN

1973	erste große Ölkrise.
1983	die Partei „die Grünen" wird in den deutschen Bundestag gewählt.
1987	erster deutscher Windpark am Kaiser-Wilhelm-Koog.
1994	Entwicklung der Technologie für Diesel aus Biomasse.
1997	das Protokoll von Kyoto legt eine weltweite Emissionverminderung fest.
1999	Bundesregierung führt die Ökosteuer (höhere Steuer für umweltschädliche Energien) ein.
2000	Einführung des Erneuerbaren-Energien-Gesetzes.
2001	die Bundesregierung beschließt den Atomausstieg.
2002	Weltgipfel zu Thema Nachhaltigkeit in Johannesburg.
2003	Mercedes und VW beginnen mit der Herstellung von „SunDiesel".
2004	Konferenz für erneuerbare Energien „*Renewables 2004*" in Bonn.
2004	Eröffnung des weltgrößten Solarkraftwerks „Solarpark Leipziger Land".
ab 2005	Bau von „*Offshore*-Anlagen" in der Nord- und Ostsee geplant.

ZUM NACHDENKEN

- Wie sollen wir unseren **Energiebedarf** in Zukunft **decken**?
- Deutschland hat den **Atomausstieg** beschlossen; wäre das in Frankreich auch möglich und wünschenswert?
- Wie **deckt** Frankreich seinen **Energiebedarf**?
- Noch immer ist die Frage ungelöst: Wohin mit dem Atommüll?
- Welche Gefahren birgt die **Klimaveränderung**?
- Sind **Windräder** eine Landschafts**zerstörung**?
- Deutschland und Frankreich wollen auf dem Gebiet der Windenergie zusammenarbeiten. Ist das der Beginn einer neuen Partnerschaft?
- „Krieg um **Öl** oder Frieden durch Sonne"! Was halten Sie von diesem Zitat?

2004: DEUTSCHLAND VEREINIGT?
LA RÉUNIFICATION ET SES CONSÉQUENCES

FAKTEN

Rasch und improvisiert fand die deutsche Vereinigung statt. Der Zusammenbruch des Ostblocks, Breschen im **Eisernen Vorhang**, die Starrheit der DDR-Regierung, aber vor allem die Unzufriedenheit der ostdeutschen Bevölkerung und ihr Streben nach Freiheit setzten einen unerwarteten Prozess in Gang.

„Wir sind das Volk, wir sind ein Volk!" schrie ein Leipziger Demonstrant auf, während W. Brandt feststellte: „Jetzt wächst zusammen, was zusammen gehört".

15 Jahre nach der **Wende** herrscht über die Bilanz des unvollendeten Einigungsprozesses große Uneinigkeit.

Von „blühenden Landschaften" ist nicht mehr die Rede. Dass die Arbeitslosigkeit 2004 im Osten doppelt so hoch ist wie im Westen – über 16% in den neuen Ländern – beweist, dass der Aufholprozess der ostdeutschen Wirtschaft noch zu verwirklichen ist. Im Osten gibt es aber viel Neues. Zuerst bedeutete Vereinigung eine Verkehrsfreiheit, die den Ossis neue Perspektiven eröffnete. Dank besseren **Lebensverhältnissen** und einem höheren **Lebensstandard** können sie sich Konsumgüter der **Marktwirtschaft** leisten. Die Renten im Osten sind im Durchschnitt höher als im Westen. Städte und Infrastrukturen wurden renoviert. Solche Änderungen sind den Wessis zu verdanken, die durch beträchtliche Transferleistungen den Osten förderten. Seit der Wende verflossen über 1.000 Mia. € in den Osten, was jährlich 4% des deutschen **Sozialprodukts** entspricht.

Trotz beeindruckender Fortschritte im Osten herrscht aber Trübsal in der neuen BRD. Im ganzen Land ist der Abstand zwischen Reichen und Armen größer geworden. 2004 beträgt die Arbeitslosenzahl 4,6 Mio., davon 1,6 in der Ex-DDR.

Der wirtschaftliche **Stillstand** im Osten liegt an mehreren Faktoren: Erstickung des Unternehmungsgeistes durch eine komplexe Bürokratie, ständige **Bevormundung** durch den Westen, deren Manager fast alle Betriebe übernahmen, was den Ossis finanziell unmöglich war, **Abwanderung** der Jugend in den Westen, Deindustrialisierung der östlichen Gegenden nach einer Privatisierung der Wirtschaft durch die **Treuhand**.

Die Sozialreform Hartz IV, die ab 2005 die Zusammenlegung von Arbeitslosen- und Sozialhilfe vorsieht, bedeutet eine Veränderung der Regierungspolitik. Damit plant G. Schröder, der bisherigen Subventionsmentalität ein Ende zu setzen. Bei dem Motto „Fördern und Fordern" geht es darum, den Sozialstaat zu retten und Eigeninitiativen hervorzurufen.

Aus Entlassungswellen und „Hartz-Fieber" folgte bei manchen Landtagswahlen ein Anstieg der extremen Parteien. Nur wenige Deutsche empfinden jedoch die so genannte „**Ostalgie**". Fühlte sich aber das Volk von Politikern nicht mehr vertreten, so wäre das Prinzip der Demokratie gefährdet.

Was nun? Soll der Osten zur Sonderwirtschaftszone oder nach dem **Gießkannenprinzip** weiter finanziert werden? Die wirtschaftliche und soziale Einigung braucht politischen Willen, Reformen, eine bessere Konjunktur, aber auch Zeit.

Mit 40 Jahren entgegensetzter Ideologien wird nicht auf einmal Tabula rasa gemacht.

PRESSESPIEGEL

AUFSCHWUNG IM OSTEN, ABER WIE?

Die Lösungen dafür, Punkt um Punkt, liegen seit eineinhalb Jahrzehnten bereit, zuletzt in der schockierenden Bilanz des Aufbaus Ost der Dohnanyi-Kommission. Sie fließen in einem Wort zusammen: Sonderwirtschaftszone; weniger Regularien, weniger Tarifkartell, weniger **Steuern**, weniger Staat.

Die Welt

DREI VORSCHLÄGE FÜR DIE OSTWIRTSCHAFT

Erstens. [...] Die ostdeutschen Landtage brauchen Spielraum für Deregulierung, damit sich ein gewerblicher **Mittelstand** entwickeln kann.
Zweitens. Jede **Wertschöpfung** im Osten braucht eine deutlich spürbare **Mehrwertsteuer**-Präferenz [...] Drittens. Der Vorschlag, alle bisherige Wirtschaftsförderung im Osten künftig stark auf regionale Schwerpunkte – „**Wachstumskerne**" – zu konzentrieren...

Die Zeit (Helmut Schmidt)

AUFBAU OST

Rund 53 Milliarden Euro flossen in den Bau von Straßen, Kanälen und Eisenbahnlinien. In den neuen Ländern sind Straßen und Schienen vielerorts in einem besseren Zustand als im Westen. Die Innenstädte sind saniert. [...]
1300 Kilometer Autobahn sind bereits fertig, bis zum nächsten Jahr soll der Ausbau abgeschlossen sein.
Zwei Prozent der Fläche Ostdeutschlands bestehen heute aus Autobahnen, das ist gut 3-mal so viel wie in der Slowakei, 4-mal so viel wie in Ungarn und 20-mal so viel wie in Polen.

Der Spiegel

Der ausbleibende wirtschaftliche **Aufschwung** in den neuen Ländern hat [...] zu einer dramatischen **Abwanderung** aus Ostdeutschland geführt. Nach einem Bericht des „Focus" sind seit der **Wende** etwa 820 000 Ostdeutsche in den Westen gezogen.

Die Welt

UNGLEICHER AUFSCHWUNG IM OSTEN

Heute ist Sachsens Wirtschaft ostdeutsche Spitze. Der Freistaat hat die stärkste Industrie unter den Bundesländern Ost, die beste **Exportquote**, die höchsten Durchschnitts**einkommen**. [...] Brandenburg und Sachsen sind zwei ungleiche Gesichter des neuen deutschen Volkes. [...] Ihre unterschiedliche Entwicklung ist ein Lehrstück über den Aufbau Ost: über den guten und schlechten Umgang mit Geld, über solide und **fahrlässige** Investitionsentscheidungen, über Sachverstand und Größenwahn.

Die Zeit

Ostdeutsche fühlen sich von den programmatisch mehrheitlich aus Deutschland importierten Parteien nicht vertreten. Das lässt sich sowohl an der steigenden Zahl der unzufriedenen Nichtwähler ablesen als auch an der hohen und stetig zunehmenden Volatilität der Wähler. So sehr sie bereit sind, von Wahl zu Wahl die Parteipräferenz zu ändern, so wenig gelingt es den Parteien, ihre Wähler zu erreichen und zu binden. Mit einem Wort: Die Parteien [...] sind in den neuen Bundesländern vom Elektorat weitgehend entkoppelt.

Die Zeit

PRESSESPIEGEL

STAATLICHE PRO-KOPF-VERSCHULDUNG

Die Pro-Kopf-**Verbindlichkeiten** liegen nur in Bayern, Sachsen, Baden-Württemberg und Hessen unter dem Länderdurchschnitt. Spitzenreiter in der Verschuldung bleiben die drei Stadtstaaten Bremen, Berlin und Hamburg. Die am höchsten verschuldeten Flächenstaaten sind Sachsen-Anhalt, das Saarland und Schleswig-Holstein.

Focus

HARTZ IV

Wer als Ingenieur, Bankangestellter oder Industriearbeiter seinen Job verlor, konnte sich bislang darauf verlassen, selbst nach jahrelanger Arbeitslosigkeit besser dazustehen als ein **Sozialhilfebezieher**. Künftig führt jeder andauernde Jobverlust automatisch zum Abstieg auf die **Armutsschwelle**. Wenn Hartz IV im kommenden Januar [2005] eingeführt wird, wird für jeden Jobsuchenden die Stütze spätestens im vierten Jahr seiner Arbeitslosigkeit auf **Fürsorge**niveau gekappt.

Der Spiegel

Seit 1991 [...] sind rund 900 Mia. Euro von West- nach Ostdeutschland geflossen. Und nur ein geringer Teil davon ist in die Wirtschaftsförderung oder in die Infrastruktur gegangen. Der weitaus größte Teil [...] entfällt auf „sozialpolitisch motivierte Leistungen"...

Die Welt

STILLSTAND OST

Mit seiner modernen Infrastruktur und den hohen Investitionszuschüssen bietet der Osten zwar exzellente Bedingungen für Investoren, doch die machen sich rar. Solange die Konjunktur in ganz Deutschland lahmt, werden auch im Osten Investitionen in neue Fabriken die Ausnahme bleiben. Und wer von Billig**löhnen** und Niedrig**steuern** profitieren will, der zieht ohnehin gleich weiter ostwärts. Deshalb wagt niemand, einen selbsttragenden **Aufschwung** in den neuen Bundesländern vorherzusagen.

Die Zeit

Was wollen die Ostdeutschen? Einen freundlichen Diktator? Eine DDR ohne Mauer? Eine bessere Bundesrepublik? [...]
Sie klagen, sie jammern. Sie wählen radikale Parteien, links wie rechts. Sie wählen nicht. Sie stehen montags auf den Plätzen ihrer schmucken Städte und fluchen laut über Hartz IV [...] Gleichwohl, der Westen nimmt Ostdeutschland als Jammertal wahr, in doppelter Hinsicht: eine ewig **bedürftige** Ökonomie, darin grämliche Menschen, die mehr zurückschauen als nach vorn.

Der Spiegel

THÜRINGENS MINISTERPRÄSIDENT D. ALTHAUS ÜBER OSTDEUTSCHE ÄNGSTE

Wer hier arbeitslos geworden ist, sieht das so, als verlöre er den Anschluss an das Leben überhaupt [...] Die Aufregung um die Folgen von Hartz IV lässt das deutlich werden. Die Seelenanlage im Osten wird nicht verstanden. Hier brauchen die Menschen immer noch mehr Unterstützung. Erst einmal müssen umfassend die Voraussetzungen geschaffen sein, um Freiheit wirklich leben zu können. Das übersieht man im Westen gern.

Die Welt

THÈME

1. L'un des premiers pays du bloc de l'Est à ouvrir une brèche dans le rideau de fer fut la Hongrie. L'ouverture de la frontière avec l'Autriche entraîna un exode massif de la population est-allemande désireuse d'échapper à l'immobilisme du gouvernement Honecker.
2. Après avoir administré l'Allemagne vaincue de 1945 à 1949, les puissances victorieuses continuèrent de stationner en Allemagne. Ce n'est qu'en 1994 que les dernières troupes de l'ex-URSS se retirèrent de l'ancienne RDA.
3. En 1969, le député du parti social-démocrate allemand Willy Brandt accède à la Chancellerie. « Le changement par le rapprochement » est la devise d'une nouvelle politique de réconciliation et de détente (*Ostpolitik*) avec l'Union soviétique, la Pologne et la RDA.
4. L'adhésion de la RFA à l'OTAN d'une part, l'intégration de la RDA au pacte de Varsovie d'autre part accentuèrent l'antagonisme et la séparation de deux États qui obéirent pendant 40 ans à des idéologies opposées.
5. En 1972, les négociations entre Bonn et Berlin-Est aboutissent à la signature du Traité fondamental et à la reconnaissance mutuelle des deux États allemands. Toutefois, la RFA ne renonce pas à sa volonté de réunifier l'Allemagne.
6. Les citoyens de l'ancienne Allemagne de l'Est eurent parfois du mal à s'adapter à la nouvelle économie de marché. De là naquirent des tensions opposant certains « Ossis » à leurs frères de l'Ouest, ce qui prouve qu'un mur existe encore dans les esprits.

VERSION

1. In Beckers Film „*Good bye Lenin!*" bemüht sich der junge Ostdeutsche Alex Kerner mit allerlei Tricks darum, seiner aus einem achtmonatigen Koma erwachten Mutter den Mauerfall und die **Wende** zu verheimlichen. Aber je spürbarer die Verwestlichung der Ostgesellschaft wird, desto unmöglicher wird sein Unterfangen, die verschollene Welt seiner Mutter wieder zu beleben.
2. Obwohl das **Wachstum** der Beschäftigungs**quote** des vereinigten Deutschlands zwischen 1990 und 1998 durchschnittlich 0,4 Prozent betrug, mussten die neuen Bundesländer einen gewaltigen Verlust von Arbeitsplätzen hinnehmen, der auf einen Strukturwandel zurückzuführen ist.
3. Die zunehmende Angst vor Sozialreformen, die von Wirtschaftssachverständigen für unerlässlich gehalten werden, ist in eine Protestwelle umgeschlagen, die sich bei den letzten Landtagswahlen in einem Anstieg der extremen Parteien ausdrückte.
4. Nachdem die Schandmauer abgerissen wurde, strömten Tausende von Ostberlinern in das westliche *El Dorado*.
5. Nach der Euphorie des Wiedersehens ergab sich die heikle Frage, ob es einfach wäre, zwei Bevölkerungen mit so unterschiedlichen Denkarten unter ein Dach zu bringen.
6. 1953 kam der Entschluss des SED-Zentralkomitees, eine Erhöhung der Produktionsnormen ohne **Lohn**erhöhung anzuordnen, zu einem Aufstand, der die DDR bis in ihre Grundfesten erschütterte. Ohne den Einsatz sowjetischer Panzer hätte das Regime zugrunde gehen können.

1. Ungarn zählt zu den ersten Ländern des Ostblocks, die eine Bresche in den **Eisernen Vorhang** geschlagen haben. Die Öffnung der Grenze zu Österreich brachte eine Massenflucht der ostdeutschen Bevölkerung mit sich, die danach strebte, sich der Starrheit der Honecker-Regierung zu entziehen.
2. Nachdem sie von 1945 bis 1949 das besiegte Deutschland verwaltet hatten, stationierten die **Siegermächte** in Deutschland weiter. Erst im Jahre 1994 zogen die letzten Truppen der Ex-UdSSR aus der ehemaligen DDR ab.
3. 1969 wird der SPD-**Abgeordnete** Willy Brandt zum Kanzler gewählt. „Wandel durch Annäherung" lautet das Motto einer neuen **Versöhnung**s– und **Entspannung**spolitik mit der UdSSR, Polen und der DDR.
4. Im Jahre 1972 führen die Verhandlungen zwischen Bonn und Ost-Berlin zur Unterzeichnung des **Grundlagenvertrags** und zur wechselseitigen Anerkennung beider deutschen Staaten. Jedoch verzichtet die BRD nicht auf ihr Streben, Deutschland wieder zu vereinigen.
5. Der **Beitritt** der BRD zur **NATO** einerseits, die Einbindung der DDR in den **Warschauer Pakt** anderseits verschärften die Feindschaft und die Trennung zweier Staaten, die 40 Jahre lang entgegengesetzten Ideologien gehorchten.
6. Den Bürgern der ehemaligen DDR fiel es manchmal schwer, sich der neuen **Marktwirtschaft** anzupassen. Daraus entstanden Spannungen zwischen manchen Ossis und ihren neuen Landsleuten aus dem Westen, was den Beweis erbringt, dass immer noch eine Mauer in den Köpfen besteht.

---

1. Dans le film de Becker *Good bye Lenin!*, le jeune Allemand de l'Est Alex Kerner, en déployant toutes sortes de stratagèmes, s'efforce de cacher à sa mère sortie d'un coma de huit mois la chute du mur de Berlin ainsi que la réunification. Mais plus l'occidentalisation de la société est-allemande se fait sentir, plus son entreprise consistant à faire revivre le monde disparu de sa mère devient irréalisable.
2. Bien que la croissance moyenne du taux d'emploi de l'Allemagne réunifiée s'élevât à 0,4 % entre 1990 et 1998, les nouveaux Länder enregistrèrent de lourdes pertes d'emplois imputables à une transformation de leur structure économique.
3. La peur croissante de réformes sociales, jugées indispensables par les experts économiques, s'est muée en une vague de protestation qui s'est traduite par une montée des extrêmes lors des dernières élections régionales.
4. Après que le mur de la honte fut abattu, des milliers de Berlinois de l'Est affluèrent vers l'Eldorado occidental.
5. L'euphorie des retrouvailles une fois passée se posa la délicate question de savoir s'il serait facile de faire cohabiter deux populations aux mentalités différentes.
6. En 1953, la décision du Comité central consistant à décréter une hausse des normes de production sans augmenter les salaires entraîna une insurrection qui fit trembler la RDA jusque dans ses fondements. Sans l'intervention de chars soviétiques, le régime aurait pu s'effondrer.

WORTSCHATZ

Abgeordnete(n) (der)	député
Abwanderung (die)	exode
Armutsschwelle (die)	seuil de pauvreté
Aufschwung (der)	essor
bedürftig	indigent, nécessiteux
Beitritt (der)	adhésion
Bevormundung (die)	tutelle, paternalisme
Blockade (die)	blocus
Einkommen(-) (das)	revenu
Eiserne Vorhang (der)	rideau de fer
Entspannung (die)	détente
fahrlässig	imprudent, négligent
Fürsorge (die)	aide sociale
Gießkannenprinzip (das)	principe du saupoudrage
Grundgesetz (das)	Loi fondamentale
Grundlagenvertrag (der)	Traité fondamental
Lebensstandard (der)	niveau de vie
Lebensverhältnisse (die) pl.	conditions de vie
Lohn(¨e) (der)	salaire
Marktwirtschaft (die)	économie de marché
Mehrwertsteuer (die)	taxe à la valeur ajoutée
Mittelstand (der)	classe moyenne
NATO (die)	OTAN
Ostalgie (die)	ostalgie (sentiment mêlant nostalgie et idéalisation de la défunte RDA)
Quote(n) (die)	taux
Siegermächte (die) pl.	puissances victorieuses
Sozialhilfebezieher(-) (der)	prestataire de l'aide sociale
Sozialprodukt (das)	revenu national
Steuer(n) (die)	impôt
Stillstand (der)	marasme
Treuhand (die)	Treuhand (la) (institut chargé officiellement des privatisations)
verabschieden	voter (loi)
Verbindlichkeit(en) (die)	dette
Versöhnung (die)	réconciliation
Wachstum (das)	croissance
Währungsreform (die)	réforme monétaire
Währungsumstellung (die)	conversion monétaire
Warschauer Pakt (der)	pacte de Varsovie
Wende (die)	tournant (désigne les événements de l'année 1989)
Wertschöpfung (die)	création de plus-values
Zuschuss(üsse) (der)	subvention

WICHTIGE DATEN

Der Weg zur Wende

08.05.1945	Bedingungslose Kapitulation Deutschlands.
06.1948	**Währungsreform** und –umstellung in den Westzonen. **Währungsreform** in der sowjetischen Zone. Der neue D-Mark-West wird in Westberlin eingeführt.
24.06.1948	Beginn der **Blockade** Westberlins. Sie wird bis Mai 1949 dauern.
26.06.1948	Beginn der amerikanisch-britischen Luftbrücke.
05.1949	Verkündung des **Grundgesetzes** und Gründung der BRD.
10.1949	Gründung der DDR.
17.06.1953	Volksaufstand in Ostberlin. Hunderttausende Ostdeutsche gehen auf die Straße. Der Aufstand wird durch sowjetische Panzer blutig niedergeschlagen.
23.10.1954	Unterzeichnung der Pariser Verträge, die ab dem 05.05.1955 in Kraft treten: Souveränität und **NATO-Beitritt** der BRD.
14.05.1955	Gründung des **Warschauer Paktes**.
20.09.1955	Die UdSSR erklärt die DDR zum souveränen Staat.
08.1961	Bau der Berliner Mauer, um die Massenflucht der Ostdeutschen in den Westen zu verhindern.
1969	Willy Brandt wird zum Bundeskanzler gewählt. Er führt die Ostpolitik ein, die auf eine Besserung der Beziehungen zwischen Ost und West zielt.
21.06.1973	Inkrafttreten des **Grundlagenvertrags**.
10.1982	Der Bundestag wählt Helmut Kohl zum neuen Kanzler. Die Kohl-Ära beginnt.
05.1985	Honecker trifft den neuen Generalsekretär der KPdSU Michail Gorbatschow in Moskau.
09.1987	Erster offizieller Staatsbesuch Generalsekretärs Honecker in der BRD.
10./11.09.1989	Ungarn öffnet die Grenzen. Über 25 000 Ostdeutsche flüchten bis Ende September in den Westen.
06./07.10.1989	Die DDR feiert den 40. Jahrestag der Staatsgründung.
09.10.1989	Demonstration in Leipzig. Demokratische Erneuerung wird verlangt.
18.10.1989	Honecker tritt zurück. Egon Krenz wird zum neuen Staatssekretär ernannt.
09.11.1989	Die Berliner Mauer fällt. Grenzübergänge nach Westberlin werden geöffnet.
15.01.1990	Demonstration für die Vereinigung beider Staaten in Leipzig.
05.1990	Beginn der „2 + 4 Gespräche" über die deutsche Einheit.
07.1990	Inkrafttreten der Währungs-, Wirtschafts- und Sozialunion.
03.10.1990	Die Einigung wird von beiden Parlamenten **verabschiedet**. Deutschland wird vereinigt.

ZUM NACHDENKEN

Der Fall Ost 15 Jahre nach der Wende: Fortschritt oder Rückschritt?

☞ Was sich zum Guten verändert hat

- Freie Meinungsäußerung, Vereins-, Versammlungs-, Pressefreiheit... Freiheit zählt zu den wichtigsten Eroberungen der Ossis. Trotz der scharfen Kritik an der Schröder-Regierung, die sich in den Montagsdemonstrationen weiter ausdrückt, wagt eine verschwindende Minderheit von Ossis, die Rückkehr zur Ex-DDR zu verlangen.
- Freiheit bedeutet Selbständigkeit. Eigeninitiative ist jetzt erlaubt. Reicher werden ist auch möglich.
- Die Lebensverhältnisse der ostdeutschen Bevölkerung sind im Allgemeinen besser geworden. Auto und Telefon haben zum Beispiel fast alle. Die Konsumgesellschaft ist Teil des Alltags.
- Die Renovierung und der Aufbau neuer Städte trugen zur Modernisierung Ostdeutschlands bei. Neue Infrastrukturen wie Strassen, Gebäude oder Wasser- und Gasleitungen verwandelten die Landschaft im Osten. Diese Modernisierung wird sogar von manchen Wessis beneidet.
- Ein neuer Markt wartet auf neue Investoren.
- Das Bestehen eines Solidarpaktes zwischen Ost- und Westdeutschland garantiert eine finanzielle Hilfe für den Osten.
- Altersrenten sind durchschnittlich höher als im Westen.
- Neue Zukunftsperspektiven wurden nach 1989 den Ossis geboten. Jugendliche haben jetzt die Möglichkeit, an ausländischen Universitäten zu studieren.

☞ Die Kehrseite der Medaille

- Die hohe Arbeitslosen**quote**, die daran liegt, dass viele östliche Fabriken nach der Wende geschlossen wurden.
- Preise sind gestiegen (Heizung, Lebensmittel, Mieten). Im Osten wird schlechter verdient als im Westen.
- Nicht alle profitierten von der Wende. Die Anpassung an ein neues Wirtschaftssystem ist schwer. Früher sorgte die DDR-Regierung für alles und für alle. Kapitalismus bedeutete nicht nur Arbeitslosigkeit, sondern auch die Entdeckung des Individualismus, der mit einem Mangel an Solidarität verbunden ist.
- „Bis 1989 nahm man uns die Freiheit, jetzt die Menschenwürde": So lautete im August 2004 der Slogan Neubrandenburger Demonstranten. Manche Ostdeutsche haben im Augenblick den Eindruck, als Bürger zweiter Klasse betrachtet zu werden. Ob es so bleiben wird?
- Das zunehmende Gefühl, von Politikern nicht verstanden zu werden, wird zum Ausdruck gebracht. Die Angst vor Sozialreformen wird (wie im Westen) immer größer.
- Nach zwei Jahren **Wachstum**, die der Wende folgten, herrscht ein wirtschaftlicher **Stillstand** im Osten, der von der nationalen und internationalen Konjunktur abhängt. Die Schwäche der Ostindustrie und der Mangel an Investoren erklärt die **Abwanderung** der Jugend in den Westen.